Chögyal Namkhai Norbu

El fundamento del *Dharma*

Una aproximación al Dzogchén

Revisión y glosario de Elías Capriles

Traducción del inglés
de Mayda Hocevar

editorial Kairós

Título original: THE FOUNDATION OF THE PATH
by Chögyal Namkhai Norbu
© 2011 Shang Shung Institute
© de la edición en castellano:
  2017 by Editorial Kairós, S.A.
  Numancia 117-121, 08029 Barcelona, España
  www.editorialkairos.com

© de la traducción del inglés de Mayda Hocevar

Fotocomposición: Beluga & Mleka, Córcega, 267. 08008 Barcelona
Impresión y encuadernación: Romanyà-Valls. Verdaguer, 1. 08786 Capellades

Primera edición: Febrero 2017
ISBN: 978-84-9988-544-5
Depósito legal: B 621-2017

Este libro ha sido impreso con papel certificado FSC, proviene de fuentes
respetuosas con la sociedad y el medio ambiente y cuenta con los
requisitos necesarios para ser considerado un «ibro amigo de los bosques».

Sumario

Prefacio

El fundamento del Dharma es una compilación de enseñanzas orales dictadas por Chögyal Namkhai Norbu durante retiros impartidos en Italia y Estados Unidos entre los años 1989 y 1996. La traducción española se basa en la versión inglesa, titulada *The Foundation of the Path* (Shang Shung Editions, 2011), la cual a su vez vierte la edición italiana publicada por Shang Shung Edizioni en el año de 2005 bajo el título *Il fondamento della via.*

En su característico estilo claro y directo, el autor, uno de los más grandes maestros espirituales tibetanos de nuestro tiempo, presenta los elementos esenciales del sendero budista desde la perspectiva de la enseñanza Dzogchén. Algunos de los temas tratados en este libro son: las Cuatro Comprensiones a Tener Presentes –el valor de la vida humana, la transitoriedad de los fenómenos, el karma y la transmigración–; el sentido de lo que en la totalidad del budismo se conoce como Refugio; la compasión, aspecto clave del budismo Mahayana, que el autor nos enseña a aplicar por medio de observarnos a nosotros mismos y mantener una clara conciencia de la situación en que nos encontramos a fin de actuar de acuerdo con las circunstancias. Del mismo modo, analiza la práctica de la Contemplación, que presenta como el punto clave del Dharma. A lo largo de la obra, Chögyal Namkhai Norbu subraya la necesidad de comprender el verdadero sentido de la enseñanza, a fin de que esta nos sirva para disolver nuestras limitaciones y condicionamientos en vez de convertirse en una nueva cárcel.

En la presente traducción española se ha procurado que el idioma sea lo más universal posible, de modo que tanto los latinoamericanos como los españoles se sientan en casa leyéndola. Aunque la misma preserva el estilo oral de la versión inglesa, incorpora importantes modificaciones, las cuales fueron consultadas con los compiladores de las ediciones italiana e inglesa y aprobadas en su totalidad. Tomando en cuenta que, a pesar de tratarse de un libro introductorio, contenía gran cantidad de términos especializados, y para evitar que el lector neófito se perdiese en una maraña terminológica, decidimos preparar un glosario, también aprobado por los compiladores, el cual se ha anexado al final del libro. El trabajo de revisión y corrección así como la elaboración del glosario estuvieron a cargo de Elías Capriles. Agradezco a Pedro María Molina su excelente y desinteresada revisión de estilo.

MAYDA HÓCEVAR
Traductora al español

Las Cuatro Comprensiones a Tener Presentes[1]

Existen muchos tipos de enseñanza espiritual (budistas, hindú... y así sucesivamente), cada una de las cuales ofrece diferentes métodos de práctica. Consideramos que un cierto método es mejor y más interesante que otro de la misma manera que, cuando compramos ropa, buscamos lo más cómodo y ligero en el verano y lo más cálido y grueso en el invierno. Lo importante es comprender el sentido profundo de la enseñanza y no quedarnos aferrados a los métodos.

En Sarnath, el Buda Shakyamuni enseñó las Cuatro Nobles Verdades, que constituyen la base del Sendero de los Sutras. De estas, la cuarta es la del «método» y se la denomina la Noble Verdad del Sendero.

El Buda explicó primero las otras tres Verdades, sobre todo porque para seguir el Sendero lo más importante es tener una clara comprensión de estas. Ahora bien, a fin de integrar la

---

1. Charla dictada en Tierra de las *Dakinis*, en Milán, Italia, el 4 de febrero de 1989.

enseñanza en la vida diaria, una mera comprensión intelectual resulta insuficiente. ¿Qué significan en verdad las enseñanzas? ¿Por qué las ponemos en práctica? ¿Cuál es la relación entre los seres y las enseñanzas? Si nuestro conocimiento y comprensión son correctos, cada método, incluso el más simple, puede resultar extremadamente precioso en nuestra vida. Pero si, por el contrario, practicamos sin comprender, yendo tras los métodos más complicados, sean budistas tántricos o hinduistas, sean el *tregchö* o el *thögal* del Dzogchén, esos métodos no nos servirán para nada excepto para perder el tiempo. Las Cuatro Comprensiones a Tener Presentes o los Cuatro Entrenamientos Mentales son un medio para entrenar la mente. Esta enseñanza se halla en todas las tradiciones budistas.

1. El precioso valor de la vida humana

Las Cuatro Comprensiones a Tener Presentes también fueron descritas por Shantideva en el *Bodhisattvacharyavatara*. La primera de ellas es la comprensión del precioso valor de la vid humana. Shantideva explica cómo, para ser completamente humana, la vida debe estar libre de las ocho condiciones que obstruyen la práctica de las enseñanzas y poseer las diez cualidades que la favorecen. En conjunto, constituyen las dieciocho cualidades del precioso nacimiento humano que cada uno debe poseer. No debemos tratar esta cuestión como un mero objeto de estudio, examinándolo y memorizándolo punto por punto como niños de colegio. Si actuamos así, solo nos estaremos engañando al pensar que estamos entrenando la mente –y quizás estaremos dándole una buena impresión a los demás–, pero con seguridad no estaremos desarrollando una verdadera comprensión de la preciosa condición humana.

El análisis de Shantideva era válido en las condiciones en las cuales vivió. Cuando yo estudiaba en el Tíbet, se me hizo evidente que mi vida no se correspondía completamente con los dieciocho puntos que él había establecido y analizado. Por ejemplo, yo no había nacido en la India y por tanto, según el texto, no podía poseer de manera completa un precioso renacimiento humano, lo que es obviamente absurdo. Lo importante, pues, no es memorizar los diferentes puntos, sino comprender con precisión por qué Shantideva habla del valor de la condición humana –lo que está perfectamente claro incluso sin necesidad de analizarlo– En Occidente casi todo el mundo sabe leer, escribir y analizar, mientras que entre los nómadas y campesinos tibetanos pocos tienen esas capacidades. Sin embargo, también un granjero tibetano posee las cualidades características de la preciosa condición humana y muchos nómadas, aunque no saben leer ni escribir, son excelentes practicantes. Por tanto, no estamos hablando de analizar, ni de cómo leer y escribir, sino de cómo debemos comprender.

Somos seres humanos y tenemos el poder de hacer cosas bellas, pero también cosas terribles. En nuestros días, el ser humano ha incluso creado bombas atómicas que tienen la capacidad de destruir totalmente el mundo. Podemos contaminar el aire del planeta y arrasar sus montañas. En el Tíbet oriental, de donde provengo, había una pequeña y hermosa loma en medio de una planicie rodeada de montañas nevadas. Era realmente un paisaje espléndido. Cuando regresé al lugar, vi que los chinos habían arrancado literalmente la loma para construir un aeropuerto militar. Ello requirió un enorme esfuerzo y tuve la esperanza de que al menos fuera útil para mucha gente. Pero no lo fue: cuando regresé al Tíbet años después, vi que el aeropuerto solo se usaba para albergar dos o tres aeronaves militares chinas.

El ser humano es capaz de cometer grandes estupideces y de generar enorme destrucción. Pero si tuviera verdadera comprensión, podría hacer cosas maravillosas, tales como obtener la realización espiritual y resolver todos sus problemas, ya que su potencial es infinito. Esto es lo que debemos comprender. Nuestro potencial nos permite entender el significado de las enseñanzas. Nuestras vidas son preciosas, pero si no ponemos en práctica la enseñanza, seremos como el mercader que fue a una isla llena de joyas y regresó con las manos vacías. Esto es lo que dicen las enseñanzas.

No debemos comportarnos de esta manera. Existen numerosos métodos de práctica y, puesto que hemos nacido en una era en la que se han manifestado seres iluminados y muchos maestros han enseñado y conservado viva la tradición, la enseñanza no es letra muerta: la Transmisión aún existe. Por tanto tenemos todas las oportunidades; nos hallamos en la preciosa isla de los tesoros y sería una lástima regresar de ella sin nada.

Comprender esto nos ayudará a no malgastar nuestra preciosa vida humana.

2. La transitoriedad

La segunda de las Cuatro Comprensiones a Tener Presentes es la de transitoriedad. Poseemos una preciosa condición humana, pero existimos en el tiempo y este transcurre sin detenerse. Una vez fuimos niños y, a medida que crecimos, aprendimos a caminar, luego estuvimos en la escuela y poco a poco nos hicimos adultos. Algunos de nosotros aún somos jóvenes, otros somos mayores y otros somos ya ancianos.

Tal es la manifestación normal del tiempo, que nunca vuelve atrás. Minuto tras minuto, el tiempo va pasando y el hoy deja de ser hoy, pues se vuelve ayer. Si miramos el reloj o vemos cómo crecen los niños, podremos comprender lo rápido que pasa el tiempo. Cuando volvemos a ver a un niño después de algunos años, nos sorprendemos de que ya es un joven adulto y exclamamos: «¡Oh cuánto ha crecido!». Lo cierto es que nosotros también hemos crecido, aunque de una manera diferente. Todo ello representa el pasar del tiempo, que es relativo a nuestra existencia humana. Si no aprovechamos nuestras vidas, el tiempo transcurrirá sin que logremos nada. Si los jóvenes comprendieran que el tiempo corre rápido, no lo desperdiciarían y ello los ayudaría a completar sus estudios. Y si poseyeran algo de sentimiento espiritual y desearan ayudarse a sí mismos y a los demás, reaccionarían de manera concreta para obtener alguna realización.

Tener presente que el tiempo pasa es muy importante a fin de comprender y aplicar la práctica. Nuestra vida se mide por las estaciones: después de la primavera llega el verano, en el que todo florece; luego viene el otoño, en el que las flores y las hojas mueren; y finalmente el invierno, hasta que vuelve de nuevo la primavera. Con el paso de los años, nuestra vida también pasa. Nada existe en la condición relativa que no esté conectado con el tiempo. Si el tiempo fuera un hilo de algodón infinito y nuestras vidas pequeños nudos en él, veríamos que hay unos nudos más grandes y fuertes que otros –las vidas de quienes han dejado un importante legado y siguen siendo recordados después de varios siglos–. Hubo una vez un hombre llamado Dante Alighieri: su nudo todavía es visible, aunque esté distante en el tiempo, pero en el ínterin miles y miles de personas murieron sin que quedara la más mínima huella de sus nudos. Ahora estamos aquí, pero dentro de cien años ninguno de nosotros estará vivo: otra generación ocupará nuestro lugar.

Cuando después de muchos años regresé al Tíbet, ya no quedaba casi nadie en mi pueblo a quien yo conociera. Desde la época en que viví allí, habían ocurrido muchos cambios y la gente que yo conocí había desaparecido, mientras que de las nuevas generaciones no conocía a nadie. Sin embargo, cuando conversé con algunas personas, de inmediato pude identificarlas, pues había conocido a sus padres o sus tíos. Siempre había alguien de la familia a quien yo conocía o había conocido. Esto es la transitoriedad. Sin embargo, no deberíamos ponernos nerviosos cuando pensamos en ella. Alguna gente se angustia o se vuelve pesimista si piensa mucho en la muerte. La vida les parece desagradable y sienten que nada tiene sentido. Pero caer en la depresión es inútil.

En el Sutrayana, y particularmente en el Hinayana, se aplican ciertos tipos de meditación en los que uno concentra su atención en un esqueleto humano y reflexiona: «¿Quién fue esta persona? Tal vez fue una mujer hermosa, pero ahora lo que queda de ella es este esqueleto». El propósito de esta meditación es generar repugnancia por la existencia samsárica, cuya esencia es sufrimiento, de modo que se escape de ella renunciando al mundo y viviendo como un monje. Esta es una visión particular que tiene por objeto hacernos reaccionar de una manera consecuente con ella; pero en la enseñanza también hay métodos que tienen que ver con otras condiciones y circunstancias. El Buda Shakyamuni fue un maestro que enseñó diferentes métodos y sistemas, no con el fin de generar contradicciones, sino porque cada sistema puede usarse de acuerdo a distintas circunstancias de la existencia.

El *Guhyasamajatantra* cuenta que, cuando el Buda Shakyamuni fue a Oddiyana, enseñó el tantra en cuestión. Oddiyana era un país misterioso gobernado por generaciones de reyes llamados Indrabhuti, muchos de los cuales fueron posteriores al Buda Shakyamuni. El rey que reinó durante la época del Buda era muy poderoso y tenía una enorme fe en el Dharma. Oddiyana estaba bastante lejos del centro de la India y en esa época, puesto que no había trenes ni aviones, era muy difícil llegar allí. Indrabhuti ya conocía a un gran número de discípulos del Buda, entre los cuales había *Bodhisattvas*, Yoguis, Mahasiddhas, etcétera, pero él quería conocer al Buda en persona. Les preguntó a algunos *Mahasiddhas* qué podía hacer para conocerlo, y ellos le respondieron: «En este momento el Buda Shakyamuni está muy lejos, pero puesto que él es omnisciente, si le rezas y lo invitas, tendrás la posibilidad de conocerlo». (Hay una historia similar en China, relacionada con los dieciséis *Arhats*).

Una hermosa noche de luna llena, el rey preparó una gran ceremonia acompañada de ofrendas y dirigió una plegaria de invitación al Buda Shakyamuni. A mitad del día, el Buda y su séquito de *Arhats* salieron, como siempre, a mendigar alimentos, pero esta vez, a pesar de la distancia que los separaba, llegaron adonde el rey. Indrabhuti se sintió muy honrado de recibirlos y el Buda le transmitió algunas enseñanzas. El rey dijo: «La enseñanza que he escuchado es fantástica y en extremo significativa; tengo enormes deseos de ponerla en práctica. Pero puesto que debo gobernar el reino y a mi pueblo, no puedo abandonarlo todo y convertirme en monje». Y el Buda respondió: «No es necesario que te conviertas en monje, hay muchas maneras de practicar y obtener la realización».

Entonces Indrabhuti le pidió que le enseñara cómo practicar sin tener que convertirse en monje, y se dice que en respuesta el Buda se manifestó como Guhyasamaja –una deidad en *yab-yum*– y le enseñó un método que no requiere de la renuncia, pues en su lugar emplea la transformación. La Noble Verdad del Sendero incluye muchas enseñanzas del Buda, entre las cuales se hallan la enseñanza del Tantra, que emplea la transformación como método para alcanzar la realización, y la enseñanza del Dzogchén Atiyoga, que usa el método de autoliberación. Ahora bien, todas las enseñanzas, incluyendo el Dzogchén, se basan en la comprensión y la presencia de la transitoriedad.

No hace falta concentrarse demasiado en la muerte para comprender el paso del tiempo; basta con observar un reloj. No obstante, no basta con comprender de manera intelectual que el tiempo está pasando. Mantener la presencia de la transitoriedad debe servirle al practicante para lograr algo significativo.

En la enseñanza Dzogchén se dice que uno no debe forzarse, sino, por el contrario, darse mucho espacio. Ello no se corresponde con lo que afirma el Hinayana: que uno no debe dejarse dominar por la pereza; que debe luchar contra ella y sobreponérsele, pues de otro modo no logrará nada. En efecto, en la enseñanza Dzogchén, si a uno lo sobrecoge la pereza, debe «darse espacio» o, en otras palabras, descubrir la causa de la pereza. Si el agua está agitada no se puede ver lo que está sumergido, que puede ser un zapato, o peces, o ranas, etcétera. «Darse espacio» no significa volverse indiferente y holgazán, sino relajarse de modo que la causa –en este caso de la pereza– se haga evidente: debemos guiar este «darse espacio» con la presencia de la transitoriedad y del valor de la vida humana. Nuestra preciosa condición existe en el tiempo y, si no hacemos nada, la habremos desperdiciado. Pero si aplicamos la presencia, seremos capaces de identificar las causas de nuestro sufrimiento.

Es importante usar correctamente la presencia de la transitoriedad, sobre todo en lo que respecta a nuestras relaciones con los demás. Después de algunos años de matrimonio, los esposos a veces descubren que han disminuido las fuertes pasiones que los unían. Una vez estuvieron muy enamorados, pero luego de unos años las causas secundarias maduran y su matrimonio parece venirse abajo. La pasión enceguece, como la niebla de Milán, que oculta las casas y las calles, pero cuando la niebla se disipa aparecen edificios colosales: cuando disminuye la pasión, se hacen evidentes aspectos de la otra persona que ignorábamos.

La gente nunca permanece igual. Cuando una pareja está cegada por las pasiones, no puede ver nada y piensa: «Estamos de acuerdo en todo, tenemos puntos de vista muy parecidos, etcétera». Pero cuando la bruma desaparece piensa: «Ya no nos soportamos». Cuando los jóvenes están muy enamorados quieren sentarse hasta en la misma silla, aunque la rompan. Están tan apegados que incluso quieren ir juntos al baño. Pero ¿cuánto durará esto? ¿Irán juntos al baño cuando sean unos ancianos? Si de veras tienen la intención de permanecer juntos toda su vida, no necesitan estar todo el tiempo pegados, y será mejor que cada uno se siente en su propia silla.

Estos son algunos ejemplos de cómo podemos volvernos esclavos de la ilusión que está en la base de nuestras pasiones –lo que siempre trae como consecuencia una decepción–.

Pero ello no significa que no nos debamos enamorar. Si nos enamoramos, debemos mantener la presencia, y si deseamos pasar la vida con la otra persona, debemos recordar que vivimos en el tiempo. Hoy somos como dos hermosas flores, pero un día seremos dos ancianos, tan hermosos como dos flores marchitas. Si mantenemos esta certeza, también mantendremos presente el transcurrir del tiempo y nuestra relación con la otra persona será más fácil.

De otro modo, cuando la pasión se desvanece, las personas comienzan a detestarse: «Ya no lo tolero más»; «No podemos pasar toda nuestra vida juntos». Ni siquiera comprenden lo que «toda nuestra vida» significa: podría ser un día, una semana, un mes, un año, diez años, pues no hay garantía de cuánto tiempo viviremos. Quizá después de dormirse esta noche, uno de los dos no despierte a la mañana siguiente. Algunas personas, incluso jóvenes, se enferman inesperadamente y mueren.

Por ejemplo, en la universidad en la que trabajaba había un profesor de japonés. Un día le llevé de regalo una botella de vino. Lo había visto fugazmente por la mañana; parecía algo nervioso y se había ido repentinamente. Al cabo de un rato apareció de nuevo cuando yo conversaba con alguien y lo llamé. Desapareció como un rayo y parecía aún más nervioso. Luego me fui a tomar un café y, cuando regresé, vi que cuatro profesores lo estaban sacando del ascensor. Se había desmayado. «¿Qué ha pasado?», pregunté y alguna de las personas que estaba por allí me contestó: «Un ataque al corazón». Alguien le dio un masaje en el pecho y llamaron a la ambulancia, que tardó mucho en llegar, como es habitual en Nápoles. Lo llevaron inconsciente al hospital. Ese mismo día había una reunión de la facultad, y alrededor de veinte minutos después de que todo comenzara uno de los profesores que había acompañado al profesor de japonés al hospital se presentó y dijo: «Desafortunadamente ha muerto. No pudieron hacer nada para salvarlo». Nos quedamos perplejos porque era un hombre joven. Pero tales cosas ocurren.

Así pues, cuando alguien dice: «No puedo seguir con esta persona durante el resto de mi vida», piensa que la vida durará aún muchos años. Pero si tenemos presente la transitoriedad, este nudo se aflojará y no tendremos esta actitud fija, como resultado de lo cual nuestras tensiones se relajarán.

3. El karma

La tercera de las Cuatro Comprensiones o Cuatro Entrenamientos Mentales consiste en reflexionar sobre el karma y tener presente su comprensión. Nuestro precioso nacimiento humano da lugar a una vida que existe en el tiempo, pero que es producto del karma. Nosotros mismos hemos creado las causas cuyas consecuencias sufrimos. Nuestras vidas son también un producto del karma acumulado en vidas pasadas, ya que cuando hay tiempo, hay continuidad. Luego de inhalar debemos exhalar, pues, en caso contrario, la respiración se interrumpiría. Mientras respiremos la vida continúa, y así seguimos adelante. Si hubo un tiempo pasado, naturalmente habrá un tiempo futuro. El tiempo presente en el que nos hallamos es una consecuencia del tiempo pasado, es el efecto de una causa.

El Buda dijo: «A fin de comprender lo que has hecho en vidas pasadas, examina cómo eres en tu vida presente». El cuerpo humano que ahora tenemos es producto del karma que hemos creado en el pasado. Vivimos su efecto. Por medio de este efecto podremos descubrir la causa en el pasado, y en el presente podremos determinar cuáles son las nuevas causas que creamos para el futuro. Por ejemplo, si tenemos dolor de estómago, ello es el efecto de una causa mediata y una circunstancia inmediata, la última de las cuales podría ser el haber comido algo en mal estado. El Buda dijo: «Si quieres conocer cómo será tu futuro, examina tus acciones actuales». Podemos realizar muchas acciones en el presente y producir todo tipo de karma, tanto positivo como negativo. El karma negativo proviene de nuestra distracción y nuestras pasiones y, a su debido tiempo, tendremos que padecer sus consecuencias.

Es importante tener presencia del karma y comprender su potencialidad. Mucha gente piensa que el karma es un destino predeterminado y dice: «¿Qué le voy a hacer? Es mi karma». Esta actitud resignada puede ofrecernos algo de tranquilidad en momentos difíciles, pero no es así como funciona el karma. Este es el producto de nuestras acciones y, para bien o para mal, su potencialidad solo fructifica cuando en nuestra existencia están presentes las condiciones apropiadas, y no en cualquier momento.

Si en el sendero del *bodhisattva* llevamos a cabo una buena acción, como por ejemplo el ofrendar, podríamos producir un karma positivo. ¿Cómo se genera el karma positivo? Primero surge la intención. En el Mahayana se dice que la intención es la base de todo. Si la intención es buena, los resultados serán placenteros. Si es mala, serán todo lo contrario. Por tanto, debemos tener sumo cuidado de que nuestra intención sea positiva, de modo que pueda servir de causa para el desarrollo de la *bodhichitta*. Cuando uno acumula el karma negativo de matar, primero surge la intención de matar. Pero a fin de crear el karma relacionado con el matar, la mera intención no basta; uno debe llevar a cabo la acción de matar. Por sí sola, la intención puede constituir un obstáculo para obtener estados mentales positivos, pero es la acción misma la que produce la verdadera potencialidad del karma. La acción, por su parte, puede ser directa o indirecta. Por ejemplo, en el caso del matar, nosotros mismos podemos llevar a cabo la acción de matar, o podemos encargársela a otra persona, en cuyo caso habremos cometido una acción indirecta.

El mismo principio es válido cuando se trata de una buena acción. Si queremos, por ejemplo, tener un gesto de generosidad hacia un grupo de gente hambrienta de la India, pero no tenemos suficiente dinero para ayudarlos, podemos pedirle a una persona más pudiente: «Por favor, ayuda a esta gente». Si hacemos esto de tal modo que el grupo de gente hambrienta resulte en verdad beneficiado, habremos realizado una acción positiva indirecta.

La tercera condición para que se complete el karma es la satisfacción de haber realizado la acción. Si después de haber matado a alguien, pensamos: «Oh, al fin me deshice de esa persona», el karma negativo de matar estará completo. La conjunción de la intención, la acción y la satisfacción crea la potencialidad total, tanto del karma positivo como del negativo, cuyos efectos se manifestarán cuando las circunstancias que favorecen su maduración se presenten. Esto significa que el karma no necesariamente tendrá sus efectos tan pronto se produzca la acción. Los mismos pueden ocurrir en cualquier momento, inmediatamente o mucho después, según cuándo se presenten las causas secundarias. Si, por ejemplo, tengo el karma negativo que me producirá un dolor de estómago, este se manifestará bajo ciertas circunstancias, tales como el estar en un clima muy caliente o el ingerir comida en mal estado. Si estas circunstancias secundarias se reúnen, el karma se manifestará.

El Buda dijo: «El karma nos sigue como la sombra sigue al cuerpo». Cuando una causa secundaria está presente, tal como una lámpara o el sol, la sombra se manifiesta. El cuerpo es la causa principal de su sombra, pero si no hay una causa secundaria, como por ejemplo el sol, la sombra no aparecerá. No hay una regla cronológica para la manifestación del karma, ya que este madura según las circunstancias. En la enseñanza se dice que se debe tener presente el karma a fin de evitar producir potencialidades negativas. Debemos estar presentes en todas las circunstancias de nuestra vida, pues de otro modo acumularemos karmas cuyos efectos luego sufriremos. Sin embargo, no siempre hay que pagar el karma, ya que se puede incidir en él de muchas maneras; por ejemplo, se lo puede purificar, transformar, eliminar o bloquear.

En todas las tradiciones budistas tibetanas se enseña el mantra de Vajrasattva como medio para la purificación del karma negativo. Recitando el mantra, el efecto del karma y los obstáculos disminuyen, y uno desarrolla claridad. A veces se oye hablar de enfermedades kármicas, es decir, enfermedades hasta ahora incurables, como algunos tipos de cáncer, etcétera. Ahora bien, de acuerdo con la enseñanza, no hay nada que no pueda purificarse; es solo que no sabemos lo pesado que es el karma que debemos purificar; no sabemos si pesa cien, mil o millones de kilos. Ese es el problema, pero no existe ningún karma que no podamos eliminar.

Si somos practicantes, debemos ser conscientes de las circunstancias bajo las cuales se manifiesta el karma. Por ejemplo, si queremos que una semilla germine, debemos plantarla, fertilizarla, regarla, permitir que tenga acceso a la luz solar, etcétera. Si no la sembramos en las condiciones apropiadas, incluso si la semilla posee toda la potencialidad para germinar, no dará ni flores ni frutos. Si plantamos diez semillas idénticas en diez macetas, pero regamos algunas y dejamos otras sin regar, ponemos algunas al sol y otras a la sombra, o dejamos algunas sin fertilizantes, etcétera, nunca obtendremos diez flores idénticas. Algunas de ellas prosperarán, otras se sofocarán, mientras que otras ni siquiera germinarán; obtendremos distintos resultados, aun cuando todas las semillas posean la misma potencialidad de producir plantas de la misma especie. Todo está determinado por las diversas circunstancias secundarias.

Por tanto, si el karma madura, ello se debe al hecho de que las circunstancias secundarias han sido favorables para su manifestación. Si estamos conscientes de ello, podremos comportarnos en consecuencia. Si está germinando una flor que no deseamos, podemos bloquear su crecimiento dejando de regarla. Siendo conscientes de las circunstancias que favorecen el karma, nos volveremos activos en nuestra práctica y adquiriremos sabiduría.

4. La transmigración o *samsara*

El Cuarto Tema a Tener Presente o Cuarto Entrenamiento Mental es la comprensión de la transmigración como consecuencia del karma positivo o negativo. En la India, por ejemplo, hay cientos de miles de personas que están muriendo de hambre, mientras que en otras partes del mundo hay gente que es muy rica y a la que nada le falta. Los niños que nacen en familias muy pobres sufren todo tipo de privaciones, mientras que los nacidos en familias pudientes pueden disfrutar de muchas cosas. ¿Por qué existe esta diferencia? ¿De qué depende? Depende del karma.

En 1953, cuando estaba estudiando en China, estuve presente en algunos debates en los que se criticaba el budismo. Algunos argüían: «Los budistas justifican las injusticias afirmando que todo está causado por el karma, de modo que los ricos pueden disfrutar de sus privilegios porque poseen un karma positivo, mientras que los pobres tienen un karma negativo y, por tanto, deben padecer sus privaciones. De esta manera, en cualesquiera circunstancias, los maestros siempre se hallan en buena posición».

Admitir la realidad del karma no significa sostener que sea justo que el rico se aproveche del pobre. Ahora bien, si no existiera el karma ¿cómo podríamos explicar que Mao Tse Tung fuera quien comandaba y que los demás obedecieran, o que ciertos oficiales chinos hayan vivido como príncipes, gastando grandes cantidades de dinero en banquetes y trabajando en oficinas decoradas con preciosas alfombras, mientras que muchos campesinos no han tenido comida o medios suficientes para vivir dignamente? ¿A qué se debe esta diferencia sino al karma? Si comprendemos el funcionamiento del karma podemos actuar de la mejor manera posible para combatir la injusticia. Negar el karma no es muy útil, pues cuando hay una causa habrá un efecto. Esta es la ley del karma. Y es en esta continuidad de causa y efecto en lo que se fundamenta la transmigración: los seres que sienten continúan creando nuevas causas, que producirán nuevos efectos.

En Occidente, a mucha gente le sorprende el principio de la transmigración o el renacimiento, ya que el cristianismo no habla de ello. Quizá en el cristianismo primitivo se haya aceptado la transmigración, pero hoy en día la Iglesia no reconoce oficialmente su validez. Este concepto no forma parte de la cultura occidental, y cuando las personas oyen hablar de la transmigración, hallan muchas razones para cuestionarla: «¿Cómo puedo aceptar la transmigración?», etcétera. En mi opinión, la transmigración no es algo que debamos aceptar o rechazar. Para mí es algo normal, y no hace falta gastar energía discutiendo si se debe o no creer en ella. En las enseñanzas hay muchas historias de seres que tuvieron un cierto tipo de existencia, pero después de su muerte renacieron en otras formas. Si creemos en esto, está bien; pero el creer o no creer no son factores determinantes. Lo importante es el principio de la continuidad: lo que ahora es presente se convertirá en pasado, y el futuro continuará haciéndose presente, tal como a la inhalación le sigue la exhalación. Este continuo está relacionado con el karma.

«Transmigración» es lo mismo que «continuación». No importa si se cree o no en los detalles de la teoría budista de la transmigración. No hace falta incursionar muy profundamente en ello, pues no es tan importante si se cree o no en el renacimiento. Si queremos concentrarnos en el tema de la transmigración durante tres días o una semana está bien, pero no debe convertirse en motivo de preocupación ni causarnos ansiedad o pesimismo. Lo importante en la enseñanza es la presencia, y en este caso lo que cuenta es que comprendamos que la continuidad de nuestra vida está relacionada con el karma.

Es, pues, sumamente útil comprender el sentido de los Cuatro Entrenamientos Mentales o de las Cuatro Comprensiones a Tener Presentes. Si tenemos estas comprensiones y las mantenemos presentes, la diligencia y la presencia en la vida diaria surgirán en todo momento y se desarrollarán, no solo cuando nos sentemos a practicar, sino también cuando caminemos, hablemos, comamos y, en general, en todos los momentos de cada día. Si logramos integrar esta conciencia, esta presencia, en nuestras vidas, los Cuatro Entrenamientos Mentales pueden volverse muy útiles para comprender e integrar el sentido de la enseñanza, el cual subyace no solo en el aprendizaje de un método, sino que debe estar basado en una genuina comprensión.

A fin de cuentas la enseñanza puede presentarse de muchas formas distintas e incluir una variedad de métodos. Aunque hay muchos tipos de misticismo, religión o filosofía, el verdadero sentido de los que son auténticos se reduce a un principio único. Comprender esto conduce a la realización; pero a fin de comprender el sentido de la enseñanza, debemos también comprender qué es la realización. Cuando vamos a un mercado, hallamos ropa, pero también otras mercancías, como comida, etcétera. Del mismo modo, en este mundo está la maravillosa enseñanza del Buda Shakyamuni, pero también las de los maestros sufíes, así como las de los grandes yoguis hinduistas. Cada una de ellas puede enseñarnos muchas cosas, pero si no comprendemos el principio de la enseñanza y su relación con los métodos que transmite, solo nos confundiremos y tendremos una gran cantidad de problemas. La enseñanza no es un objeto abstracto, sino algo relacionado con el individuo y, puesto que existen muchos caracteres, condiciones y deseos diferentes, hay distintas enseñanzas.

El Refugio[1]

Los Tres Principios Sagrados –*tampa sum* en tibetano– son tres aspectos fundamentales de la enseñanza que siempre se explican desde el comienzo, no solo en las enseñanzas Dzogchén, sino también en todos los niveles del Sutra y del Tantra. El primero de estos Tres Principios Sagrados es el Refugio y la *Bodhichitta*; el segundo es la Contemplación; el tercero es la Dedicación de Méritos.

Lo que significan esencialmente el primero y el tercero de los Principios es que cuando comenzamos una práctica lo hacemos con una idea o pensamiento, y del mismo modo, cuando terminamos la práctica y regresamos a nuestras actividades ordinarias, también comenzamos dichas actividades guiándonos por una idea o pensamiento. En efecto, no siempre estamos en el Estado de Contemplación –lo que denominamos «Estado Primordial»–, que es el segundo de los Tres Principios Sagrados. Incluso habiendo tenido alguna vivencia de este Estado,

1. Conferencia dictada en Tierra del las *Dakinis* en Milán, Italia, el 4 de febrero de 1989.

la mayor parte del tiempo estamos distraídos. Por tanto, a fin de encontrarnos en el Estado de Contemplación, comenzamos orientándonos hacia él por medio de una idea o pensamiento.

Supongamos que, al menos intelectualmente, hemos comprendido que nuestra verdadera naturaleza es como la de un espejo, que posee la capacidad de reflejarlo todo sin juzgar si es bueno o malo, sin aceptar ni rechazar nada. ¿Cómo podemos, sobre la base de una comprensión intelectual, descubrir en nosotros mismos nuestra verdadera naturaleza, que es la verdadera naturaleza de todos los fenómenos? ¿Cómo podemos entrar en el auténtico Estado de Conocimiento –lo que se conoce como Presencia Instantánea– y experimentar de veras que nuestros pensamientos y emociones son como reflejos en un espejo? A ese fin, debemos comenzar guiándonos por un pensamiento. Para entrar en la Contemplación, comenzamos siempre con el pensamiento de querer entrar en ese Estado, siempre comenzamos nuestra práctica con el Refugio y la *bodhichitta*.

En el Dzogchén, es particularmente importante comprender lo que en verdad significan el Refugio y la *bodhichitta*, y cómo deben aplicarse en forma concreta, a fin de no quedarse meramente en el nivel de las palabras y de las formas externas. Los orígenes de las prácticas de Refugio y *bodhichitta* se hallan en el sistema del Sendero de Sutra, que comprende el Hinayana y el Mahayana. Y, en ambos, la forma en la que se toma Refugio determina si el individuo puede considerarse budista o no. En dicho sistema, si una persona toma Refugio en el Buda, el Dharma y el *sangha*, se la considera budista. Por ejemplo, yo he sido criticado por gente que afirma que no soy budista, puesto que en vez de usar la fórmula de Refugio en el Buda, el Dharma y el *sangha*, empleo la del Refugio en el Gurú, el Deva y la *Dakini*.

Ahora bien, tales críticas revelan un total desconocimiento del principio del Refugio, porque el Gurú, el Deva y la *Dakini* no son diferentes del Buda, el Dharma y el *sangha*. El principio de las enseñanzas no se halla en el nivel superficial y literal de los términos que designan las cosas, sino en el verdadero sentido y significado, que está más allá de estos nombres. Es así como debemos comprender el significado de los términos Gurú, Deva y *Dakini* usados en el sistema del Tantrismo.

En general, cuando usamos la palabra «budista», nos referimos a alguien que sigue la enseñanza del Buda Shakyamuni, o a algo que está relacionado con esa enseñanza. Al menos esto es lo que en el Hinayana significa el término «budista», ya que este sistema considera que la enseñanza budista oficial se circunscribe al conocimiento y a la comprensión que el Buda transmitió en persona. Ahora bien, hay muchas otras formas de enseñanza budista, pues el Buda Shakyamuni transmitió enseñanzas no solo por medio de su cuerpo físico, sino también mediante otras manifestaciones. Y este es el origen del Tantra.

¿Cómo se manifestó el Buda para transmitir el Tantra? Para transmitir estas enseñanzas no se manifestó en el plano físico en forma del Buda Shakyamuni o Buda histórico. Un Buda puede manifestarse de distintas maneras, pues trabaja con las circunstancias y no de acuerdo con la idea que alguien haya adoptado como regla. Para un Buda no existe la regla de que su forma física deba ser como la figura de Shakyamuni. La forma que manifieste dependerá de las circunstancias, pues un Buda trabaja de acuerdo con las circunstancias particulares en las que se halla.

Un Buda se manifestará a veces en una forma similar a la de los seres a quienes les comunica el Conocimiento y la comprensión. Por ejemplo, cuando un Buda se comunica con un elefante o un mono, se manifiesta en la forma de un ser del tipo correspondiente a estos animales. El Buda puede hacer esto porque es libre; es capaz de trabajar con cualquier circunstancia y en ningún momento está limitado por reglas. Las personas limitadas no son capaces de entender esto, y pensando que el Buda solo puede manifestarse en el nivel físico, creen que si la forma física del Buda no es aquella con la que están familiarizados, entonces no se trata del Buda. Pero quien se manifiesta como Deva o *Dakini* no es otro que el Buda, pues Él se puede manifestar de muchas formas diferentes y no solo en forma humana. Hay un dicho en los Sutras según el cual el Buda a veces se manifiesta como un puente o un bote a fin de salvar a la gente. No es necesario que se manifieste siempre como un ser humano, ya que hay innumerables posibilidades de manifestación. Este es el principio del Deva y de la *Dakini*.

Del mismo modo, el Refugio no está limitado a la toma de un voto, como es el caso en el Hinayana. A mucha gente le gusta decir que ha tomado Refugio con este o aquel lama. También hay maestros que viajan por todo el mundo dando votos de Refugio, afirmando que han convertido al budismo a un gran número de personas; parecen pensar que el Refugio es un asunto de conquistar a la gente. Ahora bien, esta no es la manera de difundir la enseñanza, pues difundirla no es otra cosa que ayudar realmente a la gente a despertar y comprender algo; jamás podría consistir en imponerle nuevos condicionamientos. Por supuesto, esto no significa que no sea útil para las personas tomar un voto de Refugio; claro que puede serlo, si se comprende su verdadero sentido y significado. Pero cuando no se comprende su sentido, es posible autoengañarse creyendo que la toma de Refugio cambió algo en uno, cuando en verdad no ha sido así. Si quien ha obrado de esta manera se observa honestamente, verá que sus condicionamientos, apegos, problemas, etcétera, siguen allí y continúan siendo los mismos de antes. Nada ha cambiado. ¿Cuál es entonces el beneficio de tomar Refugio? Lo esencial es entender lo que ello significa.

Se puede tomar Refugio con un voto. Si una persona no tiene la capacidad de controlarse a sí misma, entonces necesita tomar un voto. El sistema del Hinayana está orientado específicamente a ayudar a los seres humanos que tienen menor capacidad, pues las personas de este tipo toman un voto y, por medio de él, pueden controlar sus emociones y problemas a fin de evitar crear karma negativo.

Cualquiera de nosotros puede tener un punto débil. No debemos pensar que como somos practicantes de Dzogchén somos personas altamente desarrolladas y que, por tanto, no necesitamos tomar votos. Mucha gente tiene esta idea, pero no es correcta. Debemos observarnos bien: tenemos muchos puntos débiles. Si, por ejemplo, una persona quiere dejar de fumar o de beber, puede que durante largo tiempo no lo logre. ¿Por qué? Porque ese es su punto débil. A veces en tales situaciones es necesario tomar un voto. Gente que no pertenece a la Comunidad Dzogchén me ha dicho que mis estudiantes son muy arrogantes porque creen que tienen un alto nivel y no necesitan hacer las prácticas preliminares conocidas como el Ngöndro, que comúnmente se practican.

Pensar que solo porque somos practicantes de Dzogchén no necesitamos tomar votos es completamente erróneo. Cuando descubrimos que tenemos un punto débil, es posible que necesitemos un voto que nos ayude a superarlo. Por ello en el Dzogchén se dice que debemos trabajar con nuestras circunstancias. ¿Qué quiere decir trabajar con nuestras circunstancias? Lo que se quiere decir es que, incluso si comprendemos que en el nivel absoluto nuestra condición intrínseca es de autoperfección espontánea y que en ese nivel las reglas y los votos no son necesarios, cuando en nuestras circunstancias particulares encontramos problemas que no podemos superar sin controlarnos mediante una regla o un voto, entonces aplicamos estos métodos. La diferencia entre el Dzogchén y otros niveles de enseñanzas es, por supuesto, que los métodos relativos consistentes en aplicar reglas y tomar votos no se consideran como lo esencial; no constituyen el método fundamental de la práctica del Dzogchén, pero sí de la del sistema de Sutra.

En el sistema del Hinayana, en particular, el recibir un voto se considera como el aspecto más importante del entrenamiento. Cuando un individuo ha tomado un voto, se siente diferente a los demás, en efecto, podemos observar una diferencia en su comportamiento. Por ejemplo, los monjes tienden a considerarse superiores a los demás: se acostumbran a recibir muestras de respeto y, por tanto, sienten que no son como las personas comunes. ¿Por qué? Porque esta es la actitud y la educación que prevalece en el Hinayana. Estas personas sienten que han cambiado después de haber tomado un voto de Refugio y actúan en consecuencia.

En el Dzogchén procedemos de manera diferente. Aunque su método principal no es la toma de votos, de ser necesario podemos hacerlo. Por supuesto, si alguien ha recibido un voto de Refugio no de mí sino de otro maestro, igualmente necesitará comprender cuál es su significado y cuál es su función. Entonces habrá tenido sentido tomarlo. Ahora bien, sería ridículo pensar que por el hecho de haber tomado un voto de Refugio nos hemos convertido en budistas. Eso es absurdo. ¿Qué significa decir que se es budista solo por haber tomado un voto de Refugio? No significa nada. El Buda nunca le pidió a nadie que se convirtiese al budismo; nunca propuso que la gente se impusiera tales limitaciones; creerlo es proyectar nuestras limitaciones en la enseñanza.

Debemos tratar de comprender el verdadero sentido de la enseñanza. El verdadero sentido del Refugio es saber que estamos en el camino; tomamos Refugio en el Sendero. ¿Cómo hallamos el Sendero? Lo encontramos a través de un maestro.

Si no hay maestro, no hay Sendero. Sea que nos refiramos al Sutra, al Tantra o al Dzogchén, la raíz del Sendero es siempre el maestro.

Cuando tomamos Refugio en el sistema de Sutra, las primeras palabras que recitamos son NAMO BUDDHA YA. Con ellas tomamos Refugio en el Buda. Luego tomamos Refugio en el Dharma, y después en el *sangha*. En el Tantra, el modo de ver al Buda y el modo de ver al maestro o Gurú es, sin embargo, ligeramente distinto que en el Sutra, pues en este último se considera al Buda como el origen de la enseñanza y la fuente del Sendero, siendo el objetivo final el Estado del Buda: el Dharmakaya. Por esta razón, en este nivel de enseñanza se toma Refugio en el Buda.

En el Tantra y en el Dzogchén tomamos Refugio principalmente en el Gurú. Ello se debe al hecho de que, aunque la enseñanza que seguimos es la del Buda, la hemos recibido de nuestro propio maestro. No podemos recibir enseñanzas directamente del Buda, y ni tan siquiera tenemos contacto directo con los estudiantes del Buda. Ahora bien, sus estudiantes enseñaron a otros estudiantes, y así sucesivamente, y de esta forma las enseñanzas han continuado hasta el presente, en el que nuestro maestro nos las ha impartido a nosotros.

El Tantra también está particularmente relacionado con Transmisiones especiales, tales como las denominadas potenciaciones. Según el principio del Dzogchén, para entrar en el Sendero hace falta recibir una Introducción Directa al Conocimiento –la Presencia Instantánea– y así obtener una verdadera comprensión. Los estudiantes reciben esta Introducción o Transmisión de sus maestros. Aunque recibamos explicaciones o métodos que provienen del Buda, solo podremos recibir Transmisiones Directas de nuestro propio maestro, nunca podremos recibirlas del Buda. Por esta razón nuestro maestro es extremadamente importante para nosotros y nos referimos a él como «maestro raíz», donde raíz significa «fuente de la que algo se origina»: nuestro maestro raíz es la fuente de todas las Transmisiones, del Conocimiento que radica en la Presencia Instantánea y de la Comprensión. Por ello, cuando en el Tantra y en el Dzogchén tomamos Refugio, lo tomamos primero en el Gurú, lo cual es aún más cierto en el Dzogchén, y se debe a que aquí el maestro es lo más importante, ya que solo si hay un Gurú hay enseñanza: este es el principio de la Transmisión.

Luego están los practicantes. Cuando hablamos del *sangha*, nos referimos a la gente con la que colaboramos en el Sendero; no obstante, en el Dzogchén, el *sangha* puede indicar sobre todo a los *Dharmapalas* o Guardianes, que nos ayudan en nuestro camino hacia la realización.

En el sistema de Sutra, cuando hablamos de Buda, Dharma y *sangha*, consideramos al maestro como parte del *sangha*. ¿Qué significa *sangha*? El *sangha* monacal es un grupo de al menos cuatro monjes, de modo que, si un individuo desea recibir los votos completos de monje o monja, debe recibirlos de un mínimo de cuatro monjes; tres no serían suficientes. Del mismo modo, no se pueden recibir los votos completos de monje o monja solo de un maestro: un voto de Refugio puede tomarse de un maestro, pero los votos completos de monje o monja solo pueden recibirse del *sangha*. Igualmente, si cometemos un error, se lo confesamos al *sangha* y no al maestro; para poder hacer una confesión siempre necesitamos al *sangha*. Esto es característico del sistema de Sutra. Por esta razón se considera al maestro como parte del *sangha* y se considera que el *sangha* está constituido por los compañeros o compañeras que nos ayudan.

Como se ha señalado, en el Dzogchén el maestro es indispensable. En el sistema de Sutra, si no existe el maestro, al menos todavía tenemos la enseñanza del Buda. Mientras tengamos la posibilidad de estudiar con un grupo de personas, aprender palabras, leer libros y así sucesivamente, aún podremos seguir adelante. Ahora bien, esto no es posible ni en el Tantra ni en el Dzogchén. Si queremos seguir las enseñanzas Dzogchén, debemos recibir la Introducción de un maestro, pues de otro modo nuestro conocimiento no estará conectado con la Transmisión y no podrá tener lugar lo que se designa como Despertar o Iluminación. Este es también el caso en el Tantra, en el que es necesario recibir la potenciación del maestro. De otro modo, aunque uno conozca muchos métodos tántricos, su situación será como la de un campo arado en el que no se ha plantado ninguna semilla: aunque se lo riegue durante años, nada crecerá.

En suma, no importa si se toma o no un voto de Refugio; en cualquier caso, lo importante es comprender el sentido del Refugio.

La *bodhichitta*[1]

El coraje del *bodhisattva*

La práctica del cultivo de la *bodhichitta* es un aspecto esencial de la enseñanza del Mahayana, y a su vez se considera como la base del Dzogchén y el Tantrismo. De hecho, al comienzo de una práctica de Dzogchén, tomamos Refugio y cultivamos la *bodhichitta*. Sin embargo, el Refugio y la *bodhichitta* no se reducen a la recitación de algunos versos; como siempre he explicado, el principio de la *bodhichitta* está ligado a nuestra intención.

En tibetano, el Mahayana se denomina *thegpa chenpo*. *Thegpa* significa «quien todo lo soporta», y *chenpo*, «grande» o «total». Algunas veces este término se refiere a la Tierra, porque la Tierra todo lo soporta. En ella reposan lo hermoso y lo feo, lo grande y lo pequeño, absolutamente todo; pero la Tierra nunca dice: «Estoy cansada y no aguanto más». Este es, pues,

1. Esta enseñanza fue dada en Merigar, Italia, el 19 y el 20 de octubre del año 1991.

el principio del *bodhisattva*. En efecto, en tibetano *bodhisattva* se dice *changchubsempa*. La palabra sánscrita *sattva* se traduce como *sempa*, que significa «valiente» o «corajudo», aunque en este caso el término no se refiere a alguien que siempre está riñendo y discutiendo, sino a alguien que soporta todos los sufrimientos y las dificultades hasta la realización total, y que no lo hace por interés propio, sino por el bien de los demás.

Se compara una de las formas más elevadas de cultivar la *bodhichitta* con la actitud de un pastor. ¿Qué significa esto? Un pastor no es alguien que domina a las ovejas; tampoco es alguien condicionado por ellas; es una persona que las sigue, quedándose detrás de la última para cerciorarse de que ninguna se pierda por el camino. En el *samsara* hay infinitos seres que no han obtenido el Conocimiento y viven en la condición dualista, gobernados por las emociones y las pasiones. Quien tiene el Conocimiento también comprende la condición de sufrimiento, y se percata de que en el *samsara* todos los seres sufren. Así pues, el *bodhisattva* se comporta como el pastor que lleva a las ovejas a pastar y luego las conduce a casa, cuidando de que no se extravíen, protegiéndolas de los depredadores y siempre caminando detrás del rebaño, hasta que la última oveja haya entrado en el redil. El *bodhisattva*, a fin de ayudar a los seres, tiene el coraje de permanecer en el *samsara* hasta que todos obtengan la realización. Esta es la valentía del *bodhisattva*: no practicar por alcanzar su propia liberación sin importarle los demás. En efecto, quien no se preocupa por los demás no ha desarrollado la *bodhichitta*.

Puesto que la *bodhichitta* está ligada a la comprensión y el Conocimiento, en la enseñanza Dzogchén se habla más del Conocimiento –o, lo que es lo mismo, de la Presencia Instantánea– que del cultivo de la *bodhichitta*. A veces la gente no entiende esto y piensa que en el Dzogchén la *bodhichitta* es menos importante. Si pensamos de este modo, podremos practicar tanto como nos sea posible, pero con ello solo incrementaremos nuestro egoísmo.

Hablamos mucho de colaboración, pero colaborar no significa únicamente organizar algo; lo que significa es trabajar juntos en pro de la práctica y la realización. A menudo no lo logramos. ¿Por qué? Porque estamos dominados por el egoísmo. A veces ni siquiera notamos esto, e incluso si lo notamos no podemos hacer nada al respecto. Por eso es tan importante comprender el significado de la *Bodhichitta*. Es necesario comprender el verdadero sentido de la enseñanza y, en particular, es necesario comprender desde el comienzo mismo el significado del término *bodhichitta*.

De hecho, vivimos en el dualismo. Basta con observarnos por un minuto o dos para percatarnos de cuánto razonamiento viene a nuestra mente. ¿Y qué es razonar? Es la actividad de la mente, que está en el tiempo, y el tiempo pertenece a la condición relativa. La aplicación o el cultivo de la *bodhichitta* pertenece a la condición relativa, pero la verdadera *Bodhichitta* es el Conocimiento de nuestra verdadera condición, de nuestro Estado Primordial, que tiene lugar por medio de lo que en el Dzogchén se designa como Presencia Instantánea.

Bodhichitta absoluta y *bodhichitta* relativa

En sistema de Sutra del Mahayana, se habla de dos aspectos de la *Bodhichitta*: el relativo y el absoluto. La *Bodhichitta* absoluta es el Conocimiento de la verdadera condición de vacuidad o *shunyatá*. Esto implica encontrarnos en el Estado de Contemplación, pues cuando somos capaces de estar en él es porque hemos descubierto nuestra verdadera condición. En este caso, el Estado de Dzogchén, o Estado Primordial, es la verdadera *Bodhichitta*. Ello es así no solo en el Dzogchén, sino también en el Sutrayana o Sendero de Sutra.

Hasta ahora siempre nos hemos encontrado en la condición samsárica, en la cual se requiere un gran esfuerzo para hallar un momento de calma. Vivimos en la agitación y la distracción, estando condicionados por todas las cosas. Esta es la condición relativa en la que vivimos, razonando y siguiendo la mente que piensa y crea intenciones. Tenemos todo tipo de intenciones, buenas y malas, y siguiéndolas distraídamente realizamos muchas acciones, acumulando con ello una gran cantidad de causas kármicas. En efecto, esto es lo que ocurre en realidad, y si lo comprendemos, podremos entender lo que significa el término *bodhichitta*.

La *bodhichitta* relativa tiene que ver con la intención. Debemos examinar cuál es nuestra intención, y si vemos que no es buena, debemos abandonarla y cultivar buenas intenciones. Desde el comienzo mismo debemos aprender a cultivar la *bodhichitta* de esta manera. La enseñanza del Hinayana, el vehículo menor, se basa en el sistema de los votos, porque tomando votos podemos controlar los tres aspectos de la existencia –el cuerpo, la voz y la mente– a fin de no crear potencialidad negativa alguna. También en el sistema de Sutra del Mahayana se habla de votos, que son los de la *bodhichitta* o del *Bodhisattva*. Aunque en realidad el principio del Mahayana no es el de los votos, lo que sucede es que, puesto que la enseñanza del Buda está basada en el Hinayana, en el Mahayana se desarrollaron los votos de la *bodhichitta*, que incluyen dos sistemas principales.

El primero está relacionado con el Madhyamaka, una enseñanza originalmente transmitida por Mañjushri a Nagarjuna, fundador de la escuela del mismo nombre, que es considerada por el Mahayana como una de las más importantes escuelas filosóficas budistas. Shantideva también perteneció a esta escuela; él fue un maravilloso maestro, autor del famoso texto titulado *Bodhisattvacharyavatara* o *Guía para la conducta del bodhisattva*. A diferencia de otros textos, que se concentran solo en la filosofía, este describe, por encima de todo, las formas de aplicar la *bodhichitta*. Según Shantideva, también la *bodhichitta* está vinculada con los votos, porque tiene su origen en la enseñanza del sistema de Sutra del Hinayana, en la que se encuentra el Vinaya, que es el código de reglas para los diferentes tipos de monjes y laicos.

Originalmente, en el Mahayana no existía el Vinaya, pero dado que los *bodhisattvas* o practicantes de Mahayana conocían el Hinayana, que es la base de las enseñanzas budistas, el Mahayana adoptó el Vinaya del Hinayana, añadiéndole el principio de la intencionalidad, el cual está basado en el punto de vista y no en las reglas o en la forma. En conclusión, también el Mahayana contempla el Vinaya y admite la posibilidad de tomar votos para ordenarse como monje.

El segundo sistema está relacionado con la escuela Yogachara, una enseñanza transmitida por el Buda Maitreya, el Buda del Futuro, al famoso maestro Asanga. En el Tíbet, esta enseñanza fue transmitida por Atisha y, en general, está muy difundida, particularmente en las tradiciones Kagyupa y Gelugpa; por su parte, el sistema Madhyamaka está más extendido en la tradición Sakyapa, y ambos se hallan igualmente extendidos en la tradición Nyingmapa.

La relación con el maestro

Los puntos de vista del Madhyamaka y del Yogachara son ligeramente diferentes. Por ejemplo, en el Madhyamaka los votos pueden tomarse por medio de la visualización y la intención, sin que esté presente un maestro. Si quiero tomar los votos de la *bodhichitta*, imagino que el Buda y todos los *bodhisattvas* están presentes –a veces imaginando también un soporte, como por ejemplo una importante estatua del Buda– y, en base a la *bodhichitta* de la intención, tomo los votos. Si, después de haber tomado los votos, los quebranto –como, por ejemplo, no mostrando compasión hacia ciertos seres, lo cual constituye una gran transgresión para un *bodhisattva*–, pierdo los votos. En ese caso debo hacer la purificación y retomar los votos, manifestando, por ejemplo, que no era mi intención abandonarlos. La purificación también es válida si se hace visualizando al Buda, a los *bodhisattvas* y a todo el Árbol de Refugio, incluso sin necesidad de que un maestro esté presente.

En nuestra práctica habitual entonamos la sílaba «A» y visualizamos a Gurú Padmasambhava como la unión de todos los maestros, rodeado por Devas y *Dakinis*. Haciendo esto, también podemos tomar el voto de Refugio y los votos de la *bodhichitta*, y si los transgredimos podremos confesarnos y purificarlos, tomando de nuevo los votos. Naturalmente, se considera que es mejor tomar los votos frente a un maestro que tenga la Transmisión del linaje y que sea capaz de hacernos entender el verdadero sentido de lo que estamos haciendo, pero esto no siempre es posible. Tal vez al comienzo uno pueda hallar un maestro que le explique cómo cultivar la *bodhichitta*, pero uno no puede pretender tener siempre al maestro al lado.

Mucha gente posee este hábito y quiere tener al maestro siempre al lado, pero el maestro es necesario principalmente cuando hace falta recibir enseñanzas o aclarar dudas. En ningún caso se debe tratar al maestro como un cubo de basura. ¿Qué quiero decir con esto? Un cubo de basura es donde arrojas tus desechos. Del mismo modo, a veces las personas, cuando están agitadas y tensas, vierten todos sus problemas en el maestro.

Lógicamente, cuando no puedes solucionar un problema

serio, puedes pedirle consejo al maestro, pero no debes arrojarle encima todas tus tensiones y problemas, tratándolo como un cubo de basura. Hay gente que me escribe dos o tres cartas semanales –no sé cómo tienen la paciencia para escribir tantas cartas y el dinero para comprar tantos sellos– y cuando las leo no les encuentro ningún sentido. Está claro que solo las escriben para desahogar sus neurosis. Esto es considerar al maestro como un cubo de basura. Normalmente, durante meses leo las cartas que estas personas me van enviando, pero después de un tiempo ya ni siquiera las abro, pues ya sé lo que dirán. En todo caso, las tengo guardadas en un gran cajón y tal vez un día terminen en los archivos de la Comunidad Dzogchén y puedan constituirse en casos de estudio, como los que describen los psicoanalistas.

El maestro es útil para darnos enseñanzas y así poder realizarnos. Como se dice en la enseñanza Dzogchén, el maestro es tu mejor amigo; pero en este caso «amigo» no debe entenderse como alguien con quien salir a pasear, charlar y pasar el rato. Mucha gente tiene la tendencia de considerarlo así. Practicantes que han estado en la Comunidad durante muchos años dicen que antes era mejor, porque podían pasar mucho tiempo con el maestro, y se quejan de que ahora es necesario pedir cita para hablar conmigo, y de que todo es más complicado. Pero esta gente debe recordar cómo eran las cosas antes y cómo son ahora.

Cuando se estableció Merigar, éramos unas diez personas y solíamos dormir en la misma habitación. La gente que quiere que volvamos a esos tiempos debería hacer lo mismo, pero en ese caso ni siquiera la *gonpa* sería suficiente para que todos durmiésemos juntos; necesitaríamos una gran sala de concierto. Debemos, pues, tomar esto en consideración, y quienes dicen que es complicado ver al maestro no deberían pensar solo en ellos mismos, sino que deberían tener en cuenta que también hay muchas otras personas.

Hoy en día tengo contacto con miles de personas en la Comunidad Dzogchén, no solo con treinta o cuarenta; y entre estos miles hay muchos que, en vez de darme algo que me fortalezca, lo que quieren es tomar de mí; son muy escasos los que quieren dar. De esta manera el maestro se vuelve una vaca lechera: ordeñas la vaca todos los días y, cuando ya no da leche, la sacrificas. Es fácil percatarse de que lo que ocurre es algo así. Pero como es mejor no sacrificar a nadie, hay que dejar espacio; hay que respetar el espacio del maestro. He oído que algunos dicen: «El maestro está Iluminado y, por tanto, nunca se cansa». Pero yo nunca he dicho que esté totalmente Iluminado, ni que no esté hecho de carne y hueso. Y esto no se aplica solo a mí. Está claro que, aunque se diga que están Iluminados y realicen milagros, los maestros comen, duermen, defecan y hacen todo lo que las demás personas. Hay que tener los pies en la tierra y reflexionar un poco. Los maestros se pueden cansar y, aunque tengan el coraje del *bodhisattva*, poseen las limitaciones inherentes al cuerpo físico.

Sin embargo, no debe pensarse que el maestro es un ser distante y que no se puede hablar con él o ella. Si alguien tiene algo importante que decir, puede hacerlo, pero hablar con el maestro solo para parlotear sería tratarlo como un cubo de basura. En general, antes de ir a hablar con el maestro, es mejor que nos observemos y tratemos de hallar la respuesta por nosotros mismos; es mejor que seamos nuestros propios maestros, en lugar de asignarle a otros ese trabajo. Esta es la razón por la cual el maestro, y especialmente un maestro de Dzogchén, nos enseña a observarnos: quiere que descubramos nuestra verdadera condición, y siempre nos pide que nos hagamos responsables de nosotros mismos. ¿Por qué el maestro nos pide esto? No es porque le preocupe que lo molesten, sino porque sabe muy bien que acudir al maestro no es la solución; la solución radica en observarnos y resolver nosotros mismos nuestros problemas. Ahora bien, si no hallamos una solución, por supuesto que el maestro puede ayudarnos.

Si todo el mundo hiciera esto, las cosas serían mucho más fáciles. Quienquiera que desee decirme algo puede acercarse y hablarme directamente, sin necesidad de grandes ceremonias o de apartarme para hablar en privado –lo cual a mí no me gusta–. Cuando alguien dice que tiene que contarme algo muy importante, quedamos un día para hablar tranquilamente a solas, pero si bien cada tanto alguien viene con un problema serio, la mayoría de las veces no hay necesidad de tanto secreteo; lo que pasa es que esas personas creen que lo que quieren decirme es muy importante y confidencial. A veces incluso me dicen: «¡No tengo nada en particular que preguntarle, solo quiero estar con usted un rato!».

También hay personas que temen al maestro, aunque no entiendo por qué, pues yo nunca he querido asustar a nadie. Tal vez algunas personas tiendan a ver al maestro como un general y a sí mismos como soldados, y tengan miedo y no sepan si pueden o no hablar con él. En la relación entre el maestro y quienes siguen sus enseñanzas existen todas estas dificultades, pero la raíz del problema es que la gente no se observa a sí misma. Lo que falta es el principio de la *bodhichitta*; si lo cultivamos, sabremos cómo observarnos a nosotros mismos. En la enseñanza Dzogchén, en particular, el principio de la *bodhichitta* no radica en tomar votos –que en cualquier caso podríamos asumir por nosotros mismos–, sino en entrenarnos en la autoobservación.

Bodhichitta de la intención y *bodhichitta* de la acción

El Mahayana, que es la enseñanza de los *bodhisattvas*, habla de tres entrenamientos que primero debemos entender para luego poder aplicarlos.

El primer entrenamiento es la moralidad, que consiste en aprender a controlar nuestra propia existencia. Esto puede hacerse de dos maneras: Quienes son incapaces de discernir cuáles son en verdad las circunstancias y cómo enfrentarlas deben aplicar reglas como las del Vinaya, en cuyo caso es necesario que tomen votos. En cambio, quienes son capaces de discernir cuáles son en verdad las circunstancias y cómo enfrentarlas pueden cultivar la *bodhichitta*, que es de dos tipos: *mönpa* y *jugpa*. *Mönpa* significa «intención» y *jugpa* significa «entrar en acción», «aplicar». Así pues, existen la *bodhichitta* de la intención y la *bodhichitta* de la acción.

La enseñanza sútrica del Mahayana ofrece muchos análisis de estos dos tipos de *bodhichitta*. En algunos casos señala que la *bodhichitta* de la intención se relaciona con la verdad relativa y la *bodhichitta* de la acción con la verdad absoluta, pero estos análisis no son lo fundamental. El verdadero sentido de *mönpa* es que siempre hay una intención tras todo lo que hacemos, y que para actuar según la intención correcta antes que nada debemos descubrir que todas nuestras acciones parten de una intención. Por ejemplo, si vemos a alguien sufriendo por falta de comida, pensamos en ofrecerle algo para ayudarlo. Primero tenemos la intención de dar, luego actuamos y finalmente nos sentimos satisfechos por la acción que hemos realizado. De esta manera acumulamos karma positivo. Ahora bien, lo mismo se aplica al karma negativo: si odiamos a alguien, puede surgir la intención de hacerle daño, luego viene la acción y finalmente la satisfacción. Por tanto, lo primero de todo es la intención. Cultivar la *bodhichitta* significa examinar nuestra intención y, en los casos en que sea necesario, corregirla.

El auténtico principio de la *Bodhichitta* es el Conocimiento de nuestra verdadera condición; la condición absoluta. Ahora bien, ello implica saber que, por el contrario, vivimos en la condición relativa. El Buda dice que todo es irreal, como un sueño o una ilusión, y sus palabras no son una construcción intelectual; el Buda dice esto porque así son las cosas. Si de veras comprendemos esto, descubrimos la auténtica *bodhichitta*. Pero ¿cómo podemos alcanzar esta comprensión? Antes que nada comprendiendo la condición relativa.

En la enseñanza Dzogchén, cuando usamos el ejemplo del espejo, decimos que para comprender la potencialidad del espejo necesitamos los reflejos. Para que haya un reflejo, necesitamos un objeto frente al espejo, pues el reflejo se manifiesta gracias a la interdependencia entre el objeto y el espejo. El reflejo es irreal, pero a través de él podemos descubrir la infinita potencialidad del espejo. De la misma manera, a través de la *bodhichitta* relativa podemos comprender la *Bodhichitta* absoluta.

Es fácil ver lo importante que es la *bodhichitta* relativa no solo para avanzar en el Sendero, sino también para vivir bien y en armonía. Pero debe aplicársela, en vez de dejarla permanecer como una mera idea. Mucha gente opina que la *bodhichitta* es un bello concepto, pero hacer esto no es más que glorificar o promover la *bodhichitta*, lo cual dista de nuestro propósito, que es comprender y encontrarnos en el verdadero Conocimiento: la Presencia Instantánea. Si estudiásemos la *bodhichitta* relativa y la *Bodhichitta* absoluta y analizásemos sus sentidos según las distintas escuelas, desarrollaríamos un saber meramente intelectual que no cambiaría en lo más mínimo nuestra condición. Ahora bien, si por el contrario comprendemos el verdadero significado de la *bodhichitta* y lo integramos en nuestra condición, automáticamente nuestro comportamiento cambiará.

Esto se aplica sobre todo a gente que sigue la enseñanza en la Comunidad y a veces salta a niveles muy altos, olvidándose de la base de la cual partimos. Tal vez alguien oye hablar de *kadag* y *lhundrub*, escucha que desde el comienzo todo es perfecto, y después de recibir esta introducción oral de parte del maestro, piensa que ha comprendido y que con ello basta, por lo que se siente satisfecho y se olvida completamente de que se encuentra en la condición relativa. En consecuencia, se anquilosa y su comportamiento externo no se manifiesta como debería.

La importancia de observarse a sí mismo

Quien ha comprendido correctamente e integrado el principio de la *Bodhichitta*, independientemente de que esté o no comprometido por reglas o votos, se comporta siempre de manera apropiada. Si el sol brilla con sus infinitos rayos, la oscuridad no puede manifestarse, pues tal es la naturaleza de la luz. De la misma manera, quien comprende e integra en su condición la verdadera *Bodhichitta* no puede manifestar una condición que sea su perfecto contrario. Siempre le señalo a los practicantes que observándose a sí mismos pueden descubrir si la enseñanza está funcionando o no, si están o no realizándose. Una vez una persona me preguntó: «¿Cómo puede alguien saber cuándo se ha iluminado?». Tales preguntas surgen de pensar que la Iluminación es algo misterioso, oculto en algún lugar.

Ahora bien, la Iluminación es como el sol: si hay sol, no hay oscuridad. Y si no hay oscuridad, ¿cómo puede haber alguna duda? De por sí, el tener dudas significa que se está en la oscuridad, que no se ve la luz del sol; en cambio, tan pronto como sale el sol, uno lo nota y la duda desaparece. Por medio de los tres aspectos de la existencia –el cuerpo, la voz y la mente–, podemos determinar si hemos o no comprendido e integrado de veras la *Bodhichitta*. Pero debemos recordar que la *Bodhichitta* absoluta –el Estado Primordial con sus dos aspectos, que son *kadag* y *lhundrub*– no es la única *bodhichitta*, pues también existe la *bodhichitta* relativa.

En la enseñanza Dzogchén se habla siempre de la integración y de la enorme importancia de integrar todos los aspectos de la existencia en la Contemplación. El Tantrismo habla del Mahamudra: el Conocimiento surge a través de los símbolos y al final toda nuestra existencia se integra en el símbolo total del que nada está excluido. Lo mismo ocurre en el Estado de Contemplación total que corresponde a la *Bodhichitta* absoluta. Mientras no tengamos la capacidad de integrarlo todo en la Contemplación, debemos distinguir entre lo relativo y lo absoluto; solo cuando ya no tengamos ninguna consideración de algo aparte de lo absoluto denominado «lo relativo», nos hallaremos en una total integración. Esto también está implícito en la comprensión de la *Bodhichitta*.

De hecho, como digo a menudo, a partir del cristal se manifiestan muchas luces de colores, las cuales simbolizan la energía *tsal*, que constituye lo que consideramos como un universo externo. ¿Qué es entonces la realidad? La realidad es nuestra energía. ¿Y cuál es la compasión de la *Bodhichitta*? La compasión es nuestra energía; es como la luz emitida por el cristal. ¿De dónde surge la luz? Del cristal. ¿De dónde surge la compasión? De nuestra condición, de nuestra potencialidad, pues es una de las cualidades que le son inherentes. Si no comprendemos esto no podremos obtener la integración. En nuestra vida diaria tendremos muchas confusiones y problemas que no podremos soportar y, por tanto, empeoraremos nuestra situación. ¿Por qué han surgido tantos problemas que nos abruman? Pues porque no hemos comprendido e integrado la *Bodhichitta*.

En el sistema de Sutra del Mahayana la *bodhichitta* relativa se cultiva pensando en el sufrimiento de todos los seres e imaginando que todos ellos son nuestros familiares. Es cierto, todos los seres han sido alguna vez nuestra madre, nuestro padre y nuestros hijos. De hecho, ¿cuándo comenzó el *samsara*? Se dice que el *samsara* es infinito porque no tiene comienzo ni final. Sin embargo, hay enseñanzas budistas que afirman que el *samsara* no tiene comienzo, pero sí puede tener un final; por ello los *bodhisattvas* se comprometen a transmigrar hasta que el *samsara* esté totalmente vacío, y tienen el valor de padecer sufrimientos por el bien de los demás.

Un *kalpa* es una enorme duración de tiempo compuesta de innumerables años. El Mahayana señala que la realización total se manifiesta al cabo de tres *kalpas* inconmensurables; que el valiente e incansable *bodhisattva* acumula méritos actuando por el bien de otros durante tres *kalpas*, y solo después de ello manifiesta la realización. Este es un buen ejemplo. Nosotros, en cambio, no soportamos nada ni siquiera por un año. ¿Cómo podríamos soportar sufrimientos durante tres *kalpas*? A veces alguien que tiene que sacrificarse por algunos años dice: «Ya fue suficiente, estoy harto, ya no lo soporto más». Y tal vez busque encontrarse en otra situación, pensando que podrá soportarla. Ahora bien, no hay nada en el *samsara* que pueda soportarse a menos que se tenga un gran propósito, y ese gran propósito es el del *Bodhisattva*, que lo soporta todo por el bien de los seres que sienten.

Consideremos, por ejemplo, lo que ocurre en las familias. Aunque los esposos se toleraron muy bien cuando estaban enceguecidos por la pasión, en un cierto punto el marido ya no tolera a la esposa o la esposa al marido, pues la pasión está ligada al tiempo y el tiempo a las circunstancias. A medida que el tiempo pasa y las circunstancias cambian, la pasión disminuye y las condiciones se manifiestan de manera distinta. Con las personas ocurre como con las flores: aunque sean muy hermosas se marchitan y ya no las toleramos. Y si esto ocurre entre dos personas que viven juntas porque así lo han decidido, podemos imaginar lo que ocurre en un grupo. Dos personas tienen solo dos opiniones distintas, pero en un grupo de diez personas hay diez opiniones diferentes, lo cual hace que sea mucho más difícil que se soporten mutuamente.

Al comienzo, las personas que se comprometen a trabajar para la Comunidad son muy entusiastas y quieren hacer muchas cosas, pero después de unos días sienten que otros los critican, que no están de acuerdo con ellos, y así se hartan, se amargan y acaban sintiéndose incapaces de soportar más y seguir adelante. Si pasamos de un grupo a un país, podremos ver que hay un montón de partidos políticos, sindicatos y facciones enfrentados entre sí. Y así, día tras día, se generan muchos problemas y confusión, y cuando al final se alcanza una decisión con respecto a un cierto problema, de alguna manera hay que seguir adelante, se dice que esa es la solución. Y si pasamos nuestra mirada de un país al mundo entero, tal vez se piense que uniendo a las naciones resolveremos todos los problemas, pero en realidad ni siquiera los países que conforman las Naciones Unidas están de acuerdo entre ellos.

Los problemas no se resuelven de esta manera. Por lo general todo el mundo mira hacia fuera y nunca a su propia condición, y piensa que la solución deberá venir de fuera. Pero ello no es así; la solución a nuestros problemas debe provenir de nosotros mismos. Comprendiendo esto, el Buda y todos los *bodhisattvas* comenzaron observando su propio egoísmo.

Actuar de acuerdo con las circunstancias

Cuando hay egoísmo siempre hay miedo; cada vez que tenemos que hacer algo tenemos miedo de las consecuencias de nuestra decisión. No obstante, si es necesario hacer algo debemos tener la valentía de hacerlo sin estar pendientes de lo que se haya dicho o de lo que haya ocurrido. Esto no significa que no debamos actuar de acuerdo con las circunstancias; actuar de acuerdo con las circunstancias es esencial, tanto en la enseñanza Dzogchén como en el Mahayana. Por ejemplo, puesto que el hecho de matar es siempre perjudicial para los seres, surgió el voto de no matar; sin embargo, incluso el Mahayana acepta que en ciertas circunstancias se pueda matar. Por ejemplo, si matando a una persona salvo a otras cien, es mucho mejor eliminar a esa persona, pues de otro modo las otras cien morirían. Si he comprendido la situación y tengo la posibilidad de actuar, pero no lo hago porque tengo miedo de ocasionarme algún daño cometiendo una acción negativa, esto demuestra que soy muy egoísta y que mi punto de vista es muy limitado. En este sentido, los *bodhisattvas* son muy valerosos; incluso si tienen que sufrir en el infierno las consecuencias del karma de haber asesinado a alguien a fin de salvar a cien personas, eliminarán a la persona peligrosa y no se limitarán en modo alguno. Esto es lo que significa actuar de acuerdo con las circunstancias.

En el Hinayana se cuenta que en una oportunidad un monje se encontró con una mujer que quería llevárselo a la cama. El monje le dijo que eso no era posible porque él era monje y había tomado un voto de castidad, pero ella insistió diciéndole que no le importaban sus votos. El monje le repitió que no podía aceptar, incluso si ello le costaba la vida. La mujer le respondió que si no se acostaba con ella se suicidaría. Entonces él le dijo que no le importaba si ella se suicidaba, puesto que no pretendía quebrar sus votos.

Como podemos ver, en esta historia hay dos puntos de vista. Según el punto de vista del Hinayana, el comportamiento del monje es perfecto, ya que los votos deben respetarse incluso a costa de la propia vida. ¿Por qué? Porque si uno viola sus votos crea un obstáculo. El monje tomó sus votos sobre la base de este principio y, por tanto, debía ajustarse al mismo. Sin embargo, este es un punto de vista limitado. También en el Mahayana los votos son muy importantes, pero en algunos casos es permisible transgredirlos, ya que a pesar de las consecuencias negativas que puedan derivarse de ello en esta vida o en vidas futuras, el principio es siempre actuar por el bien de otros antes que por el propio. Para regresar al ejemplo: es preferible romper un voto si la intención es salvar a otra persona del suicidio. Según el punto de vista del Mahayana, ello no es incorrecto.

Podemos ver, pues, que aquí hay una gran diferencia entre los enfoques del Mahayana y el Hinayana. Mucha gente dice que los practicantes del primero tienen gran compasión y que los practicantes del segundo no tienen ninguna. Ello no es cierto, pues hay compasión en ambos vehículos; lo que sucede es que en el Hinayana lo primero son los votos, y cuando uno se adhiere estrictamente a ellos, su conducta se torna un poco egoísta. En cambio, quienes siguen el Mahayana con valentía se ponen a sí mismos a disposición de otros; en este caso, la base de nuestros actos no puede consistir en una regla fija, pues hay que tomar en cuenta las circunstancias, e incluso, si hace falta asumir riesgos, hay que estar preparado para ello.

En el plano relativo, cultivar la *bodhichitta* de la intención significa cultivar la intención de realizarnos por el bien de todos los seres. Este es el principio. Aplicando y cultivando esta intención llevamos a cabo buenas acciones y acumulamos méritos. ¿Por qué es necesario acumular méritos? Porque de este modo tenemos la posibilidad de incrementar nuestra claridad y comprender y desarrollar la verdadera *Bodhichitta*, lo que hará que nuestros obstáculos disminuyan. Si observamos nuestras intenciones, cuando incurrimos en una acción opuesta al principio de actuar por el bien de otros, o simplemente al de no molestar a otros, nos percatamos de ello, y eso nos ofrece la posibilidad de modificar nuestra intención y actuar de otra manera.

La purificación

Cuando nos percatamos de que hemos cometido una acción negativa, tenemos que purificarla. Podemos hacerlo, por ejemplo, visualizando a Vajrasattva y recitando el mantra de las cien sílabas sobre la base de los cuatro principios o *tobzhi*, que son: (1) La deidad ante la cual se confiesan las transgresiones. (2) El medio o los medios de purificación, como por ejemplo el mantra de las cien sílabas. (3) El arrepentimiento por la falta cometida. (4) La determinación de no volverla a cometer la falta. Por medio de estos cuatro principios podemos purificarlo todo. Ahora bien, también podemos purificar negatividades cuando, al comienzo de un *Thun*, visualizamos el Árbol de Refugio y a continuación recitamos«Namo Guru Bhya...», etcétera.

Debemos recordar que el karma se crea solo cuando hay una intención. Imaginemos que camino por una calzada y sin percatarme piso una rana y la mato. En este caso, aunque evidentemente no he cometido una buena acción, pues la rana ha sufrido, no he creado una potencialidad kármica negativa, ya que no era mi intención matar la rana. Al contrario, cuando me percaté de lo que había hecho lo lamenté. Esta es la diferencia entre una acción negativa y un karma negativo.

El karma negativo tiene la potencialidad de generar algo, de convertirse en causa primaria en vez de simplemente funcionar como causa secundaria. Las causas primarias son como semillas que una vez sembradas, si están presentes las causas secundarias, producen una planta. Las causas secundarias, en cambio, hacen posible que una causa primaria madure; pero por sí mismas no pueden producir nada. Por ejemplo, el fertilizante que se coloca en la tierra cultivada es una causa secundaria porque ayuda a que crezca lo que se ha sembrado. Una causa secundaria negativa permite que las potencialidades negativas maduren y, por tanto, no es algo positivo; sin embargo, por sí misma ella no puede producir algo negativo.

Es muy importante distinguir entre causas primarias y secundarias. Si falta la intención, no es posible crear causas primarias de signo alguno; por tanto, es muy importante controlar la propia intención. En la enseñanza Dzogchén y en general en el Mahayana, la intención debe ser gobernada por la presencia. En efecto, no solo se dice que debemos examinar nuestra intención, sino también que debemos mantener la presencia, ya que las buenas intenciones no siempre producen buenos resultados.

Suelo emplear como ejemplo una historia que contaba el maestro Sakya Pandita sobre un tipo de pájaro cuyos polluelos aman tanto a su madre que, cuando llega el momento en que deben abandonar el nido, a fin de mostrarle su gratitud y amor, le arrancan todas las plumas. Los hijos se quedan muy contentos y salen volando pensando que le han demostrado su gran afecto y agradecimiento, pero la madre desplumada ya no puede volar y termina muriendo. Como este ejemplo nos lo hace entender, una buena intención no siempre produce buenos resultados.

Por eso en el Dzogchén hablamos de la conciencia responsable, que en esencia significa comprender las circunstancias. También en este caso hay riesgos, pues la conciencia responsable está basada en juicios sobre lo que es bueno y lo que es malo, los cuales dependen de la conciencia, que funciona en términos de lógica y, por tanto, puede equivocarse. ¿Qué puede hacer uno entonces? La única manera de no correr ningún riesgo es desarrollando la claridad, pero la claridad no se desarrolla en un par de días. A fin de desarrollarla seguimos la enseñanza y practicamos durante toda nuestra vida. Ahora bien, mientras que algunos practicantes sienten que su claridad aumenta, a otros les parece que no están haciendo ningún progreso y se inquietan y desalientan. En algunos casos, esto ocurre porque comienzan con una fantasía que no corresponde a la realidad; en otros, porque no se observan a sí mismos como debe ser; y a veces porque no practican. En este último caso no hay motivo para la desazón, pues si no se practica no se podrá obtener efecto alguno.

En general, no es fácil revertir completamente el *samsara*, y el practicante debe saber que no es posible cambiarlo todo de una vez. Pero si disminuyen un poco nuestras tensiones y nuestra vida se vuelve más relajada y menos complicada que antes, eso significa que la práctica está funcionando. Si, por el contrario, nuestra vida se hace más y más tensa y complicada, es porque no estamos practicando correctamente.

La práctica no consiste solo en recitar algunas palabras, o en hacer *Ganapujas* o rituales de Guardianes, pues todo ello es relativo. Lo esencial es observarnos a nosotros mismos y, por ese medio, descubrir nuestra verdadera dimensión y aprender a mantenernos en ella. Este es el principio del Dzogchén, y cuando lo aplicamos no importa si recitamos o no un cúmulo de palabras. Sin embargo, la gente que creyendo poseer este principio se abstiene de realizar cualquier práctica ritual, lo único que obtiene es lo que se llama una «realización de sillón».

Hay personas que afirman ser practicantes de Dzogchén y que, por tanto, no están interesadas en las prácticas colectivas. ¿Por qué limitarnos de esta manera? El principio del Dzogchén no es limitarnos, sino, por el contrario, hallarnos en nuestra propia dimensión, que es como el Sol. El Sol irradia infinitos rayos que todo lo iluminan. Nosotros también poseemos esta cualidad, que se puede manifestar de maneras infinitas, de modo que no hay razón para limitarnos diciendo «Yo soy de tal y cual manera».

Sin embargo, no limitarnos no significa carecer de principios. Quienes no se adhieren a un principio y dicen tener interés en todo son seres pasivos, como un cenicero en el que se puede arrojar cualquier cosa. Alguien de China podría pasar a su lado y escupir en él; un occidental podría apagar un cigarrillo dentro; y un niño quizá colocar en él el envoltorio de un caramelo. Pero nosotros los practicantes tenemos un objetivo específico: la realización total, que consiste en encontrarnos ininterrumpidamente en nuestra verdadera dimensión. En esta dimensión, un ser realizado se puede manifestar como un Buda o un *bodhisattva*. ¿Por qué? Porque cada individuo tiene infinita potencialidad e infinitas cualidades; es esto lo que se denomina *Bodhichitta* absoluta. Si nos encontramos en la genuina *Bodhichitta*, las cualidades en cuestión se manifiestan automáticamente, sin necesidad de esfuerzos o planes.

Normalmente, no manifestamos nuestras cualidades, porque tenemos un gran número de impedimentos y, sobre todo, porque ignoramos nuestra potencialidad; por ello necesitamos del maestro y de las enseñanzas. El maestro nos las transmite y nos da la posibilidad de descubrir nuestra potencialidad, a fin de que abramos los ojos y comprendamos el verdadero sentido de lo que ha transmitido. Esto es la realización, que no consiste en obtener algo nuevo –algo especial reservado a la gente interesada en la espiritualidad–, sino simplemente en hallarnos en la verdadera condición, tal como es.

Hasta que no descubramos nuestra verdadera condición y nos hallemos en ella no podremos tener paz. ¿Por qué? Porque vivimos en el dualismo, y no puede haber paz en el dualismo. Juan tiene una idea, yo tengo otra, y tratamos de que nuestras ideas coincidan. Por un tiempo esto puede funcionar, pero luego nuestro acuerdo se rompe y se inicia una nueva batalla; en verdad, no existe paz en el *samsara*. Sin embargo, cada persona puede hallar la paz interna si descubre la verdadera condición y permanece establemente en ella. A este propósito, en vez de mirar y juzgar a los demás, debemos observarnos a nosotros mismos y descubrir nuestros límites.

La raíz de todos los problemas es nuestro ego, el YO (con mayúsculas). Me considero grande e importante y siento que estoy en la primera posición. Tal vez no lo diga, porque los demás pensarían que soy soez o arrogante, pero siempre lo pienso. Cuando queremos encoger el yo un poco, hablamos en plural y decimos NOSOTROS, para referirnos a los que están de nuestro lado. Eso se debe a que sentimos que somos lo más importante y que los demás están aparte. Usualmente no salimos de las fronteras del YO y el NOSOTROS, y de este modo todo se agiganta: nuestras actitudes, nuestros pensamientos, todo.

Si quiero hacer algo y tengo la idea de hacerlo de cierto modo, pero otra persona no está de acuerdo, insisto y no cedo un ápice. ¿A qué obedece esta actitud? Es una manifestación del ego. Si, en cambio, me relajo, podré hallar una forma de respetar a los demás, sabiendo que ellos también tienen sus egos. Como dijo el Buda, tomándote a ti mismo y a tu experiencia como ejemplo, podrás conocer la condición de los demás. Así pues, gracias a la *bodhichitta*, se comprende de manera incuestionable la condición de los otros, se tienen menos tensiones y se puede trabajar con todo el mundo de manera flexible y relajada, y no como si uno fuera una piedra en el agua.

Si observamos bien, veremos que casi todos somos como piedras en el agua. Tal vez hablemos de *bodhichitta*, de actuar por el bien de los demás, y vivamos en una atmósfera color de rosa, pero en verdad seguimos siendo como piedras. Normalmente, las cosas que se dejan en agua se ablandan; pero no las piedras, que siguen siendo muy duras porque esa es su condición; nunca se relajan, pues ni siquiera tras siglos en el agua la integran en sí mismas. Después de miles de años en el agua, si quebramos una piedra podremos constatar que está seca por dentro. De manera similar, nuestro ego nunca se integra con las enseñanzas; a lo sumo puede proferir un montón de palabras hermosas, como un instruido profesor que dicta una conferencia y logra que todo el mundo exclame: «Ah, qué erudito eres, qué buena charla». Pero en verdad nuestro ego no ha integrado nada y su condición no ha cambiado un ápice.

La enseñanza no debe aplicarse de esa manera; debemos integrarla en nosotros mismos. Pero a fin de integrarla debemos abrirnos un poco, de modo que podamos observarnos y comprender nuestra condición. Si hemos entendido el verdadero sentido de la *bodhichitta*, entonces será muy valioso que recitemos los versos de la *bodhichitta*; en caso contrario, seríamos como loros que todo lo repiten sin saber lo que están diciendo.

La lógica filosófica budista afirma que lo que caracteriza a los humanos es el lenguaje y el razonamiento. Sin embargo, el mero saber hablar no es suficiente, pues también los loros pueden repetir palabras; y tampoco lo es el razonamiento, pues algunos animales son capaces de razonar. Lo esencial es que comprendamos lo que hacemos. En general, cuando se toman los votos de la *bodhichitta* o se cultiva la *bodhichitta*, se recitan algunos versos. En este caso, debemos comprender el sentido de los versos e integrar nuestra intención con él, pues de otro modo no sirve de mucho recitarlos. En general, no tiene sentido que los practicantes occidentales reciten un montón de palabras en tibetano sin saber lo que significan; lo importante es que comprendan correctamente su sentido, aunque, claro está, si se trata de mantras es diferente, pues estos son universales y siempre tienen su función.

Tomemos como ejemplo el *Thun* corto o medio de la Comunidad Dzogchén. En estos *Thuns* hay solo mantras; no hay versos en tibetano que describan la visualización u otros aspectos de la enseñanza. Del mismo modo, en las prácticas de Garuda, de Vajrapani, de Vajrakilaya, etcétera, solo están escritos los mantras y las sílabas para la transformación; no hay ni siquiera explicaciones de cómo recitarlos o de cómo transformarnos, pues antes de hacer la práctica es necesario haber recibido la Transmisión, que no es meramente escuchar y obtener los mantras, sino también recibir las explicaciones de cómo hacer la visualización y la práctica. Mucha gente no entiende esto y me pide que dé la Transmisión y el *lung*, y que luego un estudiante explique en detalle la práctica. Por supuesto, cuando no tengo tiempo y no existe otra posibilidad, lo hago, pero siempre que tengo la oportunidad explico la práctica a quienes están interesados, pues también esto es una Transmisión. De otro modo, sería suficiente con escuchar un CD o un casete, y todo sería más sencillo. Por la misma razón, no basta con tener un libro que explique todo lo que se necesita saber.

Por ejemplo, en nuestros *Thuns* realizamos transformaciones instantáneas al estilo del Anuyoga mediante la mera pronunciación de la sílaba semilla, sin que en el libro de práctica se den explicaciones de cómo realizarlas. Ello es así porque no hacen falta; si hubiese muchas explicaciones, la gente le daría más importancia a las palabras que a la Transmisión. En todo caso, y por encima de todo, en la enseñanza Dzogchén el principio no es la visualización, sino el acceder al Conocimiento –a la Presencia Instantánea– e integrarlo todo en él.

Cómo seguir las enseñanzas

A menudo los occidentales son un poco extraños y piensan que la enseñanza es algo que se debe tomar o robar. Como dije antes, muchos consideran que el maestro es como una vaca que ordeñar. Ciertamente, los maestros son un poco como vacas, pues entregan toda su energía para para que los otros puedan comprender las enseñanzas, pero hay distintas maneras de tintentar obtener beneficios de una vaca. Si tratamos de sacarle leche a toda costa y luego la sacrificamos porque ya no da nada, eso no está bien. En el *ngöndro* o curso de prácticas preliminares del Longchen Ñingthik se dice que para seguir la enseñanza es indispensable tener tres intenciones correctas y evitar tres intenciones incorrectas. Las intenciones correctas son: (1) considerarse a sí mismo como un enfermo; (2) considerar al maestro como un doctor; y (3) considerar la enseñanza como una medicina. Mientras el paciente no se cure, necesitará al doctor. Nuestra enfermedad es la condición samsárica, con el sufrimiento que ella implica, y por tanto cuando nos realizamos ya no necesitamos al maestro. Por esto, cuando tomamos Refugio, lo hacemos hasta la realización total y no más allá de la misma.

Las intenciones incorrectas son: (1) considerar al maestro como un ciervo; (2) considerarse uno mismo como un cazador; y (3) considerar las enseñanzas como las preciosas astas del ciervo. El cazador solo está interesado en las astas y no le importa el ciervo en lo más mínimo. Mucha gente tiene esta tendencia, que les hace ver la enseñanza como algo que hurtar. Algunas personas toman un método de aquí, otro de allá, los juntan y comienzan a enseñar. Ahora bien, el propósito esencial de la enseñanza es hacer posible la autorrealización. Es cierto que algunos individuos quieren ayudar a los demás, pero ¿cómo pueden ayudarlos sin estar ellos mismos realizados y, lo que es peor, careciendo de toda capacidad? En ese caso, en vez de ayudar crean un montón de problemas y confusiones.

¿Cómo puede curar un enfermo a otro enfermo sin ni siquiera ser médico?

Más aún, la enseñanza no es una terapia en el sentido en el que los occidentales entienden el término. No es que las terapias así entendidas no sirvan, sino que la enseñanza tiene como función permitirnos descubrir nuestra verdadera condición y realizarnos, pues solo puede ayudar definitivamente a otros quien, habiendo obtenido el Conocimiento y poseyéndolo, se encuentra realizado. Si se quiere, se puede llamar a esto terapia, pero lo que no debe hacerse es usar y publicitar una práctica como cura para la gente con el objetivo de vivir de ello como de un oficio. Eso es algo totalmente distinto.

Uno de los epítetos del Buda es «Gran Médico» –en tibetano, *menpa chenpo*–; pero ello no significa que el Buda sea un médico famoso e importante. Al Buda se lo designa como Gran Médico porque es capaz de curar nuestra condición samsárica y todas las pasiones que le son inherentes. No significa que haga una especie de taller con un grupo de individuos y que los cure con masajes y otros métodos médicos. Es muy importante distinguir bien estas cosas y no confundirlas. La enseñanza tiene su principio y su Transmisión, y los maestros que con la mayor compasión la transmiten hacen todo lo posible por ayudar a quienes están interesados. Sin embargo, nunca usarán la enseñanza como un medio de subsistencia, pues ello no se corresponde con el principio de la misma. Ciertamente, los maestros comen, viven en la sociedad y deben ganarse su sustento de algún modo, pero la fuente de sus ingresos nunca deberá ser la enseñanza.

No solo en el Dzogchén sino en todas las enseñanzas, incluyendo el Hinayana, el Mahayana, etcétera, lo importante es ir a la esencia, sin quedarse en las palabras o en las formas. Así pues, para alguien con una comprensión apropiada, el *Thun* corto es mejor que el largo, pues es más esencial. El *Thun* largo trabaja con los diferentes aspectos del cuerpo, la voz y la mente, y algunas veces es necesario aplicarlo, pero hacerlo siempre no corresponde al principio esencial de la enseñanza. A menudo he dicho que basta con estar simplemente en la presencia de la A, sin que haga falta hacer nada más. Pero ello no significa que nos volvamos unos perezosos, justificándonos con el pretexto de que no hace falta hacer más nada. Para entender esto, basta con observarnos bien a nosotros mismos: un día tiene 24 horas, ¿cuántos minutos por hora somos capaces de estar presentes y cuántos estamos distraídos? Una persona que sea consciente de esto es ya un gran practicante, pero quien ni siquiera lo note y viva en las nubes corre el riego de caer en la apatía o volverse perezoso.

Los siete medios para acumular méritos

La práctica siempre comienza con el Refugio y la *bodhichitta*. Las enseñanzas del Sendero de Sutra hablan de siete medios para acumular méritos o *tsogsag yanlag dumpa*.

El primero es acoger o dar la bienvenida a los Realizados. Después del mantra de purificación de los elementos, entonamos la A, visualizamos el Árbol de Refugio y, frente a todos los Realizados, recitamos «Namo Guru Bhya...», etcétera. Naturalmente, no siempre es necesario usar las palabras; también podemos acoger a los Realizados con nuestra intención, ya que tienen las sabidurías de la calidad y de la cantidad y se percatan de que les estamos brindando la acogida o bienvenida aun cuando no empleemos palabra alguna. Hay muchos modos de brindar la acogida o bienvenida (por ejemplo, podemos postrarnos ante ellos); en todo caso el sentido es siempre mostrar respeto.

El segundo medio para acumular méritos es haciendo ofrendas. Podemos ofrendar flores, velas, incienso y muchas otras cosas, como lo hacemos usualmente; pero en verdad estas ofrendas se realizan porque consideramos que tales cosas son objetos de disfrute de nuestros sentidos y no porque los realizados las consideren como tales. En todo caso, en la práctica de la *Ganapuja*, las principales ofrendas son las que hacemos mentalmente, y puesto que la mente no tiene límites, realizamos infinitas ofrendas de todo tipo.

El tercer medio es la confesión. Si hemos cometido transgresiones o acumulado acciones negativas, no debemos permanecer indiferentes, porque las transgresiones se convierten en causas secundarias que pueden producir otras negatividades. Es mejor purificarlo todo frente al Árbol de Refugio con la intención de no cometer nunca más la misma transgresión.

El cuarto medio es sentirnos contentos –y no envidiosos– por la felicidad y el éxito de los demás. En general, nos sucede exactamente lo opuesto: si alguien hace algo bueno, sentimos envidia y tratamos de encontrar un motivo para criticarlo. El Mahayana dice que, si me siento satisfecho por las buenas acciones de otros, acumulo tantos méritos como ellos, mientras que, si por el contrario, siento envidia, acumulo negatividades.

El quinto medio es pedir enseñanzas, es decir, pedir a un maestro calificado que haga girar la rueda de la enseñanza. Puesto que los verdaderos maestros nunca buscan o persiguen a la gente para darle enseñanzas, debemos siempre pedir a los Budas o *bodhisattvas* que hagan girar la rueda del Dharma. De esta manera, la gente que está verdaderamente interesada puede crear una causa para recibir la enseñanza. De hecho, sin crear la causa no puede darse el efecto. Una forma de crear la causa es la irradiación de infinitas luces para recibir la sabiduría de todos los Iluminados cuando hacemos la práctica con la A. Los Budas y los *bodhisattvas* nunca tocarán a tu puerta diciendo: «Aquí estamos, ¿quieres alguna enseñanza?», pues no son vendedores ambulantes que andan de casa en casa ofreciendo mercancías. Quienes están interesados en recibir las enseñanzas de los Budas y *bodhisattvas* deben participar, y si no hay participación, entonces falta la primera capacidad.

El sexto medio para acumular méritos es pedirle al maestro que renuncie al nirvana y que por largo tiempo continúe haciendo girar la rueda de la enseñanza. Volviendo al ejemplo anterior, si el maestro fuese una vaca, en vez de sacrificarlo, procuraríamos que viviese más tiempo para que mucha gente pudiese beber su leche. Esta es la razón por la cual recitamos invocaciones de larga vida para los maestros.

El séptimo es dedicar los méritos a todos los seres, pero si sabemos cómo hacer las prácticas, ya sabemos muy bien cómo hacer esto.

Estos son los medios principales de acumulación de méritos. Cuando alguien toma el voto de la *bodhichitta* al estilo del Yogatantra, por ejemplo, hay muchos versos que recitar, los cuales establecen y confirman el sentido paso a paso. Sin embargo, es importante recordar estos principios y aplicarlos también en la vida diaria.

Para tomar el compromiso de la *bodhichitta* podemos usar unos versos de Shantideva en los que comenzamos tomando Refugio en el Buda, el Dharma y el *sangha*. Estos versos dicen:

> Hasta que obtenga la esencia de la Iluminación
> tomo Refugio en el Buda;
> de la misma manera, tomo Refugio en el Dharma
> y en la multitud de *bodhisattva*s.

¿Por qué se toma Refugio en el Buda, en el Dharma y en el *sangha*? Porque esta práctica proviene del sistema del Hinayana. Normalmente, en la enseñanza Dzogchén tomamos Refugio en el Gurú, los Devas y las *Dakinis*. De hecho, en este caso, el Gurú lo es todo: el cuerpo del maestro es el *sangha*; la voz del maestro es el Dharma; y el Estado de la Mente del maestro, que es el verdadero Estado de Dharmakaya, es el Buda. Tomar Refugio en el maestro significa tomar Refugio en el Buda, en el Dharma y en el *sangha*.

En el Hinayana, el maestro se considera de manera totalmente diferente que en el Dzogchén y en el Tantrismo. En el sistema de Sutra del Hinayana, nuestro maestro es parte del *sangha*, que es una comunidad de al menos cuatro monjes, aunque en dicho sistema se considera que el verdadero *Sangha* está compuesto por los *Arhats*, seres Realizados que no regresarán nunca más al *samsara*. En el Mahayana, el *sangha* está constituido por los *bodhisattvas*, pero también aquí hay una distinción que hacer. Por ejemplo, si comprendemos y cultivamos la *bodhichitta*, haciendo que surja en nuestra dimensión, entonces seremos *bodhisattvas*, pero estaremos todavía en el Sendero. Por el contrario, un *Bodhisattva* como Avalokiteshvara, como Mañjushri, etcétera, es alguien que ha alcanzado un nivel en el que ya nunca retornará al *samsara*. Nosotros no sabemos si regresaremos al *samsara*. Si acumulamos muchas transgresiones y estamos siempre distraídos, tendremos que pagar las consecuencias kármicas. De hecho, estamos condicionados por el *samsara*, ya que tenemos un cuerpo kármico y tenemos que comer y dormir, lo cual significa que no estamos Realizados. Por ejemplo, en el Mahayana solo los Realizados pueden ofrendar su cuerpo físico, pues si alguien se dirigiese a un *Bodhisattva* como Avalokiteshvara, como Mañjushri, etcétera, y le pidiese su cabeza, este, como está plenamente Realizado, podría cortársela y ponérsela de nuevo. Nosotros, en cambio, no podríamos ponernos de nuevo la cabeza si alguien nos la cortase, sino que perderíamos la vida.

Así pues, el verdadero *Sangha* está compuesto por seres Realizados; pero en el plano relativo y de acuerdo con el Vinaya está constituido por un grupo de *al menos* cuatro monjes. Para tomar los votos o confesar las transgresiones es necesario hacerlo ante ese grupo, al que de acuerdo con el sistema de Sutra pertenece nuestro propio maestro. Pero además del *sangha*, también están el Buda y el Dharma. El Buda es el ser Realizado que transmite el Sendero; el Dharma es su enseñanza, y quienes siguen la enseñanza son el *sangha*. En este caso, a diferencia de lo que sucede con el Buda, a los miembros del *sangha* no se los considera como totalmente realizados. En cambio, en el Tantrismo y en el Dzogchén, el maestro también representa al Buda y el Dharma y se lo considera totalmente Realizado, de modo que cuando decimos NAMO GURU BHYE estamos ya tomando Refugio en el Buda, el Dharma y el *sangha*. Hay otros versos de Shantideva que dicen:

> Tal como los Tathagatas del pasado
> generaron la aspiración altruista a la Iluminación,
> entrenándose gradualmente en la conducta del *bodhisattva*
> por el beneficio de los otros, también yo
> genero la aspiración altruista a la Iluminación
> y me entrenaré gradualmente
> de la misma manera en que lo hicieron ellos.

Así pues, observamos nuestra intención y cultivamos la idea de realizarnos por el bien de todos los seres. Usualmente estos versos se repiten tres, cinco o siete veces, pero lo importante es concentrarse en su significado y entrenar la mente con la intención que ellos expresan. Luego hay otros versos que dicen:

> En esta oportunidad, mi vida ha demostrado ser fructífera:
> he obtenido perfectamente la existencia humana.

En efecto, el karma positivo de vidas pasadas ha madurado, ya que si no hubiese hecho ningún bien, en primer lugar no habría nacido como humano y, en segundo lugar, aunque hubiera nacido como humano no habría conocido al maestro y las enseñanzas. Los versos continúan así:

> Hoy he nacido en la familia de los Budas:
> me he convertido en un hijo del Buda (o sea, en un *bodhisattva*).
> De ahora en adelante, a toda costa
> actuaré siempre en congruencia con mi familia
>   (o sea, con el *sangha* del Mahayana)
> y de ninguna manera mancillaré
> este puro y virtuoso linaje.

En este punto uno puede muy bien considerarse como un *bodhisattva* –no para sentirse orgulloso y mejor que los demás, sino para volverse muy cuidadoso y observarse constantemente–. El Mahayana dice que hay que actuar por el beneficio de todos los seres y no solo de un grupo. En general, esto es muy difícil, ya que nos encontramos muy limitados y damos gran importancia al concepto de amistad y a los grupos de amigos. Pero si hay amigos, hay también enemigos y, en consecuencia, al pensar de esta manera estamos ya contradiciendo el principio de actuar por el bien de todos los seres.

Lo anterior no significa que tan pronto como comencemos a cultivar la *bodhichitta* desaparecerán todos los conceptos sobre enemigos, sino más bien que debemos lograr que poco a poco ellos disminuyan y podamos abrirnos gradualmente, yendo más allá de algunos límites. En el Dzogchén y el Tantrismo hablamos de hermanas y hermanos del *vajra* para referirnos a las personas que están íntimamente relacionadas con el mismo maestro y la misma enseñanza; pero en verdad no debemos limitarnos demasiado, pues ¿quién sabe qué relaciones, incluyendo las espirituales, hemos podido establecer en vidas previas? El Mahayana dice que todos los seres podrían haber sido nuestras madres y nuestros padres, ya que el *samsara* es infinito. Si ello es cierto, entonces también todos los seres podrían haber sido nuestros hermanos y hermanas del *vajra*.

Puesto que no es fácil acostumbrarse a pensar de esta manera, hay muchas formas de entrenarse. En el *Bodhisattvacharyavatara*, Shantideva dice que primero debemos entrenarnos pensando que nosotros somos iguales a los demás. Luego, gradualmente, debemos emprender algo más difícil: entrenamos pensando que los demás son más importantes que nosotros. Por ejemplo, podemos reflexionar sobre el hecho de que, puesto que ya estamos en el Sendero, tenemos la oportunidad de realizarnos, mientras que los demás, siendo ignorantes de su verdadera condición y estando totalmente condicionados por las pasiones, merecen nuestra compasión. De esta manera, simultáneamente logramos que surja la compasión y que podamos dar más importancia a los demás que a nosotros mismos. Más importante aún es intercambiarnos mentalmente con los demás y ponernos en el lugar de quienes están sufriendo. Aunque no podamos hacerlo físicamente, nos entrenamos imaginándolo y desarrollando esta intención.

Se cuenta que una vez, cuando un famoso maestro sakyapa llamado Rongtönpa estaba enseñando el *Abhisamayalamkara*, un perro comenzó a aullar porque alguien le había arrojado una piedra. Todo el mundo se sorprendió cuando también Rongtönpa empezó a gritar, ante lo cual sus alumnos fueron a socorrerle y al acostarlo pudieron ver que había sido herido en el mismo lugar que el perro. Esto significa que Rongtönpa poseía la realización de ese aspecto del entrenamiento. Aunque no es fácil alcanzar un nivel tal, podemos entrenarnos mentalmente para ello, de modo que el YO disminuya y finalmente nos relajemos y aprendamos a respetar a los demás y cooperar con ellos.

Una vez asumido, el compromiso de la *bodhichitta* debe cultivarse como se cultiva una semilla plantada en suelo fértil. En este caso, el suelo fértil es la condición humana, que nos permite cultivar la *bodhichitta* y pertenecer a la familia de los *bodhisattvas*. La enseñanza Dzogchén señala que la condición del individuo es perfecta desde el comienzo mismo, pero que si no tenemos la vivencia de dicha condición, entonces nuestra situación actual no se corresponde con ella. Debemos recordar el ejemplo del mendigo que vivía en una cueva y diariamente se dirigía a la ciudad a mendigar comida. Tras haber vivido en la cueva durante toda su vida, el pobre hombre murió en la más extrema miseria. Poco después, a través de su claridad, un *bodhisattva* realizado que vivía al otro lado de la montaña vio que la roca sobre la que el mendigo dormía todas las noches contenía un gran diamante; el mendigo no lo sabía.

En general, esto también nos ocurre a nosotros, pues no somos conscientes de que tenemos la naturaleza búdica o «semilla de los Tathagatas» –o, como se dice en el Dzogchén, una infinita potencialidad–. Debemos obtener el Conocimiento de ello cultivando la *bodhichitta*, tal como cultivamos una semilla que tiene la capacidad de producir una planta que a su vez es capaz de producir un fruto. No es suficiente con podar la planta; debemos también protegerla de los animales que se la puedan comer, proporcionarle el agua y la luz que necesita, etcétera. Aunque se considera que este es el punto de vista del Mahayana, en el Dzogchén debemos actuar de la misma manera. Cada día realizamos varias prácticas de purificación a fin de desarrollar la claridad y, en consecuencia, despertar el Conocimiento de nuestra potencialidad.

Las cuatro causas del Despertar

La primera causa del Despertar a nuestra verdadera condición es la conciencia de pertenecer a la familia de los *bodhisattvas*. La segunda es encontrar al maestro y la enseñanza. No es suficiente con haber nacido en una condición perfecta en la que podemos hablar, razonar y estudiar, y en la que tenemos inteligencia. Si somos muy cuadriculados y no queremos salirnos de nuestras casillas, no querremos recibir las enseñanzas o no podremos obtener de ellas el beneficio que deberían brindarnos. Al comienzo, algunos piensan que recibir las enseñanzas es una oportunidad excepcional, pero a medida que pasa el tiempo dejan de apreciarlas, o tal vez se aburren y se cansan de practicarlas. Esto significa que nunca tuvieron claro cuán afortunados eran de haber tenido la posibilidad de recibir las enseñanzas y ponerlas en práctica. La verdad es que deberían estar muy contentos, y que les haría mucho bien trabajar un poco sobre sí mismos.

La tercera causa es la compasión. El Mahayana habla de una compasión infinita. Recordemos la diferencia entre el Hinayana y el Mahayana: el principio del Hinayana es controlar nuestra existencia para no dañar a otros, mientras que el principio del Mahayana es trabajar activamente por el bien de los demás. Podemos ver que hay una gran diferencia entre ellos: los *bodhisattvas* no se quedan encerrados dentro de los límites de los votos y las reglas, y si pueden actuar por el bien de los demás, lo harán a toda costa.

En el Mahayana se da el ejemplo de un mercader que sabía

que un hombre se proponía matar a quinientos mercaderes a fin de enriquecerse. Con la doble intención de salvar la vida de esas quinientas personas y de impedir que esa persona cometiera una acción tan grave y acumulara tan denso y negativo karma, el mercader decidió matar a ese hombre. Tras haberlo asesinado, como previamente había tomado el voto de no matar, se presentó ante el Buda y le confesó que había roto su voto. Escuchado el relato de los hechos, el Buda le dijo que no se preocupara, ya que había llevado a cabo esa acción con una buena intención y no por interés propio. En tales casos, una acción profundamente negativa puede incluso ser considerada positiva.

La cuarta causa es el coraje. Cuando el Hinayana habla de la transitoriedad, señala que uno debe dedicarse a la enseñanza y a la práctica como alguien cuya cabeza arde en llamas. Si se nos está quemando el cabello, no nos lo podemos tomar con calma; de inmediato hacemos lo posible para apagar el fuego, sin permitir que nos domine la pereza. Puesto que no sabemos si tendremos de nuevo la oportunidad de nacer en un cuerpo humano y liberarnos, sin duda debemos escapar del *samsara* tan rápido como nos sea posible. Por otra parte, en el Mahayana no pienso solo en mí mismo, sino que, consciente de que estoy en el Sendero y de que tengo la posibilidad de liberarme cultivando la *bodhichitta*, me comprometo sobre todo por el bien de los demás y estoy dispuesto a sobrellevar el sufrimiento no solo durante uno o dos días, sino hasta el fin de la transmigración. Este es el gran coraje del *bodhisattva*.

Estas cuatro causas están contenidas en la palabra tibetana *changchubsempa*, que significa *bodhisattva. Chang* significa «purificar» y su sentido incluye nuestra potencialidad, la verdadera *Bodhichitta*, puesto que sin purificación no se manifiesta dicha *Bodhichitta. Chub* significa «comprender», pero ¿cómo comprendemos? Leyendo las escrituras de los *bodhisattvas*, pero por encima de todo siguiendo a un maestro y su enseñanza. En general, *sem* es «la mente»; en este caso, el término se refiere a la mente que examina la intención mediante el razonamiento, y que por tanto es la base de la compasión. *Pa* significa *pawo*, un héroe que nada teme y está dispuesto a tomar el riesgo de pasar muchas vidas en el *samsara* por el bien de los demás.

Con respecto a la *bodhichitta* relativa, hasta ahora hemos estado hablando del aspecto denominado *bodhichitta* de la intención, pues cultivando las intenciones correctas fortalecemos nuestra determinación. También existe la *bodhichitta* de la acción o de la aplicación: toda actividad que realicemos con el cuerpo, la voz o la mente y que esté guiada por una buena intención se convierte en *bodhichitta* de la acción.

Los tres entrenamientos

El Mahayana comprende tres entrenamientos destinados a desarrollar la *bodhichitta* de la acción, que son como la sinopsis de los principios del Mahayana: la moralidad, la contemplación y la sabiduría. La moralidad consiste, primero que nada, en evitar las acciones negativas, bien sea por medio de un voto o por medio de la presencia. En el Dzogchén, todas las actividades de cuerpo, voz y mente deben estar controladas por la presencia –aunque en el plano absoluto no existen ni el bien ni el mal, en el relativo debemos desarrollar claridad a fin de comprender lo que, según las circunstancias, esté bien o mal–. No obstante, y como ya se señaló, mientras no hayamos desarrollado la claridad, deberemos actuar de la mejor manera que podamos sobre la base de lo que normalmente se considera como bueno.

Entrenarse en la sabiduría del *prajña* es un medio para, con la ayuda de los maestros y la enseñanza, desarrollar el Conocimiento inherente a la Presencia Instantánea. No bastaría con emplear el razonamiento, pues aunque nos creamos muy inteligentes, nuestros análisis son siempre muy limitados, y sobre todo porque el verdadero Conocimiento está más allá del razonamiento y el análisis. Recordemos el ejemplo de Milarepa en el cuerno de yak: cuando Rechungpa miró dentro del cuerno, Milarepa no se había empequeñecido, ni el cuerno de yak se había agrandado, y sin embargo Milarepa estaba sentado dentro del cuerno de yak. Esta historia parece un cuento de hadas, pues la mente ordinaria no puede comprenderla, pero Rechungpa sostuvo que era cierta. Para comprender esta historia, debemos salir de los límites de nuestra mente.

En la enseñanza Dzogchén, cuando practicamos la integración, descubrimos que el bien y el mal comparten el mismo principio. La escuela Drugpa Kagyu también cuenta con una famosa enseñanza denominada *roñom kordrug*, que tiene por objeto descubrir el sabor único de todas las actividades de los seis sentidos. Con nuestros ojos vemos normalmente objetos bellos o feos; con nuestros oídos escuchamos sonidos placenteros o molestos; con nuestra nariz olfateamos fragancias o hedores; etcétera. ¿Cómo podemos afirmar que un perfume y una fetidez son lo mismo? Normalmente, permanecemos enmarcados en estos límites, pero mediante el entrenamiento en la sabiduría o *prajña*, que permite alcanzar un nivel más allá del razonamiento, podemos descubrir que estos opuestos poseen un único sabor. Si le preguntas a alguien qué le hace responder que dos más dos son cuatro, siente que no hay nada que explicar, pues ello le parece más que evidente y cree que no puede haber otra respuesta; en verdad, tal vez pueda haber otra, pero, en todo caso, para hallarla necesitaríamos estar más abiertos.

El tercer entrenamiento es la Contemplación, que sirve de base para descubrir la *Bodhichitta* absoluta. Ahora bien, en el plano relativo la *bodhichitta* posee una energía y una función que se manifiestan en el actuar por el bien de los demás. Por esta razón, el sistema de Sutra, pero también la enseñanza del Mahamudra, insisten mucho en el hecho de que la vacuidad o *shunyatá* no tiene sentido a menos que esté conectada con la compasión. En el sistema de Sutra, este aspecto se denomina unión de las dos verdades, la relativa y la absoluta. Podría parecer que se trata de juntar dos cosas, pero si así fuera se trataría de una construcción mental. Este punto puede comprenderse fácilmente en base a la enseñanza Dzogchén: cada individuo se halla en la condición del *Dharmadhatu*, que es el estado de vacuidad absoluta: la esencia común a todos los seres de todas las dimensiones. Esta dimensión también se denomina Dharmakaya. Mi Dharmakaya es el mismo que el de todos los demás seres, pero no es solo vacuidad, también posee una energía y una función ininterrumpidas.

Cuando descubrimos que nuestra esencia es vacuidad, nos percatamos de que, sin embargo, el movimiento del pensamiento se manifiesta de inmediato. De hecho, tan pronto como desaparece un pensamiento surge otro, y este proceso sigue adelante, continuando sin ininterrupción. ¿Qué es esta continuidad? Es la energía, que se manifiesta ininterrumpidamente a partir de la vacuidad. La compasión no es otra cosa que esta energía. En todo caso, estos dos aspectos se presentan naturalmente juntos; no son una construcción mental. Cuando nos hallamos en la verdadera y única condición de ambos aspectos, descubrimos que todo tiene un único sabor.

La máxima ayuda que podemos ofrecer a los demás es la que surge cuando hemos alcanzado la *Bodhichitta* absoluta, pero esto no significa que debamos esperar a obtenerla para ayudar a otros. Si veo que alguien se desploma en la calle porque está débil y no ha comido, puedo ayudarlo a levantarse y ofrecerle alimento. Ahora bien, al marcharme esa persona seguirá en donde estaba; en consecuencia, sería mejor enseñarle a obtener su propia comida diaria, y mucho mejor aún enseñarle cómo resolver su problema definitivamente, tal vez mediante el uso del *chülen* o «toma de la esencia». Pero para poder enseñarle *chülen* yo mismo debo tener la capacidad de usarlo. Así pues, a medida que vaya practicando y alcanzando resultados, me iré haciendo capaz de ayudar más y más a los otros; mientras tanto los ayudaré según mis posibilidades.

Como ya he dicho, cuando tenemos un problema, podemos superarlo mediante la purificación. En el Mahayana, la purificación y la confesión pueden hacerse tanto frente a un maestro y el *sangha* –como se hacía en la antigua escuela Kadampa,* por ejemplo– como frente al Árbol de Refugio, visualizando las Tres Joyas –tal como se hace en la tradición Madhyamaka de Nagarjuna–. En cualquier caso, lo más importante es tener la intención de confesar las transgresiones. Si esta intención está presente, todo se puede purificar, no hay nada que no pueda ser purificado, y es suficiente con hacerlo frente al Árbol de Refugio.

A menudo los practicantes de la Comunidad, puesto que están acostumbrados a vivir en la condición social en la que se discrimina entre amigos y enemigos, discuten entre sí sin percatarse de que cometen una grave transgresión. Están dis-

---

* La escuela que fundó Dromtön (1005-1064), el discípulo directo de Atisha Dipankara Shri Jñana, a comienzos del segundo milenio, y que tras la reforma de Je Tsongkhapa fue absorbida por la escuela Gelugpa. No se debe confundir con la actual escuela pseudobudista de los llamados Nuevos Kadampas, que han dividido la comunidad tibetana y han sido acusados de crímenes atroces (*N. de la T.*).

puestos a discutir con los que consideran no son sus amigos, sin pensar que entre todos los practicantes existe una relación espiritual que los vincula hasta la realización total. Por tanto, los practicantes que se enemistan o que se insultan crean tremendos obstáculos y negatividades, y de paso con ello arruinan su compromiso de la *bodhichitta*. De hecho, si de veras tengo el coraje de actuar por el bien de todos los seres, debo comenzar por quienes tengo más cerca. Si solo puedo soportar a quienes están lejos, ello significa que mi compasión no es genuina, sino falsa.

Quienquiera que tenga compasión puede purificar cualquier transgresión mediante la confesión. Recordemos que cuando hacemos la *Ganapuja* recitamos el mantra de las cien sílabas y hacemos el *mudra* del *samaya* a fin de comunicarnos con todos los realizados. ¿Por qué hacemos esto? Para purificarnos, para hallarnos en una dimensión verdaderamente pura. Ello refresca nuestra práctica y nos permite observarnos mejor. No es grave si cada tanto nos enojamos e insultamos a alguien; estamos en el *samsara*, donde es normal que surjan nuestros defectos y que andemos distraídos. El problema se presenta si no nos percatamos de nuestro error, si no tenemos ninguna presencia, si ni siquiera somos capaces de mantener aquel *samaya* que consiste en el compromiso de sostener una presencia continua. Pero si mantenemos ese compromiso, incluso si nos distrajéramos por un momento, de inmediato, o al cabo de un rato, pensaríamos: «Ah, he insultado a un practicante con quien estoy vinculado por el *samaya*; he hecho algo equivocado, lo lamento». Si está presente este reconocimiento, entonces también puede haber purificación. Alguien podría pensar: «Sé que he hecho algo malo, pero no quiero decírselo a la persona con la que he discutido para no parecer débil». Esta sería una forma de agigantar el YO mayúsculo y de paso volverse más retorcido y egoísta. Si, por el contrario, nos abrimos, será más fácil cooperar con los demás. Y entrenándonos de esta manera día a día, la vida se simplificará y la *bodhichitta* se volverá algo concreto.

La Contemplación[1]

De los tres principios sagrados la Contemplación es el central y constituye el punto más importante. Cada vez que iniciamos una sesión de enseñanzas en la Comunidad Dzogchén entonamos el Canto del *Vajra*. Hacemos esto a fin de entrar en el Estado de Contemplación, lo cual es particularmente importante para quienes ya han accedido al Conocimiento del Estado Primordial, pero todavía no son capaces de permanecer en él. Entrar juntos en el Estado de Contemplación por medio del Canto del *Vajra*, al comienzo de una sesión de enseñanzas, nos hace percatarnos de que el proceso de recibir enseñanzas de un maestro es un trabajo conjunto de colaboración por medio de la Transmisión y no uno en el que el estudiante es alguien meramente pasivo, o comprometido solo a nivel intelectual.

Seguir las enseñanzas del Tantra o del Dzogchén implica siempre el principio de la Transmisión, y esta Transmisión no es algo que se pueda recibir leyendo libros o por medio

---

1. Estas enseñanzas fueron dictadas en Tsegyalgar, Estados Unidos de Norteamérica, en octubre de 1994.

de una mera explicación oral; este último enfoque, basado en las palabras, es más característico del modo de recibir las enseñanzas en el Sendero del Sutra. En el Dzogchén, la Transmisión –de la que existen tres tipos: la directa, la simbólica y la oral– es la vida de las enseñanzas; no se puede alcanzar la realización sin ella.

Garab Dorje fue el maestro en forma humana que introdujo la enseñanza Dzogchén en este planeta para el actual trayecto de este ciclo temporal. Antes de que su vida concluyera con la manifestación del Cuerpo de Luz, resumió su enseñanza en lo que se conoce como las Tres Frases del Testamento de Garab Dorje.

La primera de ellas es «Introducción Directa» y se refiere al evento en el que el maestro introduce al estudiante al Estado de Contemplación mediante experiencias de cuerpo, voz y mente.

La segunda es «No Permanecer en la Duda». El estudiante experimenta el Estado de Contemplación por medio de la Transmisión que ha recibido en la Introducción Directa y ya no tiene dudas sobre lo que constituye la Contemplación.

La tercera es «Continuar en el Estado». Esto significa que el estudiante busca permanecer ininterrumpidamente en el Estado de Contemplación –encontrándose en lo que se conoce como Presencia Instantánea o Conocimiento–, sin corregir dicha condición cuando se halla en ella, y aplicando las prácticas que sean necesarias, de acuerdo con las circunstancias, para reentrar en dicho Estado cuando se haya distraído y se encuentre vivencialmente fuera de él.

Así pues, cuando practicamos el *Guruyoga*, lo que intentamos hacer es hallarnos en el Estado que el maestro ha transmitido, es decir aquel en el que el maestro permanece ininterrumpidamente. Cuando nos hallamos en el Estado de Contemplación, no hay separación entre el maestro y nosotros. Por medio del *Guruyoga* podemos entrar en el Estado de Contemplación. En todo caso, el maestro es indispensable en el Dzogchén, pues si no recibimos la Transmisión Directa de él no podremos obtener la realización.

Ya he explicado que en la enseñanza Dzogchén, paralelamente a la Introducción Directa existen otros dos tipos de Transmisión. Cuando escuchamos explicaciones generales de las enseñanzas, o instrucciones particulares relacionadas con diversos métodos, como por ejemplo instrucciones sobre visualizaciones, ejemplos particulares, etcétera, esto se denomina Transmisión Oral. Luego está lo que se conoce como Transmisión Simbólica, que indica el uso que hace el maestro de objetos tales como un cristal, un espejo o una pluma de pavo real como símbolos para ayudar al estudiante a descubrir la naturaleza de la potencialidad inherente a su propio Estado y a entender cómo esa potencialidad se manifiesta, de varias maneras, en forma de energía.

La razón por la que entonamos tan a menudo el Canto del *Vajra* en la Comunidad Dzogchén es porque nos ayuda a hallarnos en el Estado de Contemplación en el que estamos en unión con nuestro maestro, pues él y nosotros nos mantenemos indivisos en la vivencia del Conocimiento que él o ella transmite. Cuando estamos en Contemplación, nos hallamos más allá de la distracción habitual de nuestras mentes confundidas, completamente relajados en la desnuda Presencia Instantánea que hace patente nuestra verdadera condición. En este Estado natural, que es no dual, los pensamientos y las emociones pueden surgir, pero no nos perturban, pues en él se integra lo que surja sin que lo aceptemos o rechacemos. Practicando de esta manera, seremos capaces de permanecer en Contemplación, trabajando con cualquier situación o circunstancia en la que nos hallemos.

En el Estado de Contemplación no dual no hay nada que hacer, nada que aplicar. No hace falta luchar contra nada; todo puede dejarse «tal como es», sin que haya nada que purificar o transformar. Entonces descubrimos por nosotros mismos lo que significa la palabra Dzogchén, que normalmente se traduce como Gran Perfección, aunque la traducción más correcta es Total Perfección (Grande es un término relativo, ya que lo grande puede ser más o menos grande, pero Total tiene un sentido absoluto, puesto que no puede haber algo más grande). Cuando descubrimos la naturaleza autoperfecta de nuestro propio Estado, comprendemos que Dzogchén es una palabra que alude más que a una tradición o escuela, a nuestra condición intrínseca: el Estado Autoperfecto que se ha hallado siempre en cada uno de nosotros, pero que solo se vivencia en la Contemplación. Por tanto, la Contemplación es el más importante de los tres principios sagrados.

El *Vajra*[1]

El significado de la palabra *Vajra* es muy importante en la enseñanza. Como sabemos, al Tantrismo se le llama *Vajrayana*, al maestro que transmite esta enseñanza se le llama *Vajracharya*; y en general todo lo que está relacionado con el Tantrismo queda calificado con el término *Vajra*. Nuestra verdadera condición, esencia y naturaleza también se denomina *Vajra*.

En la enseñanza Dzogchén, el Adibuda –el Buda Primordial–, simbolizado por Samantabhadra, se puede representar como un *Vajra*, y en tibetano se le puede llamar Rangjung Dorje. En el Dzogchén Upadesha hay explicaciones detalladas sobre esto. *Rangjung* significa «autogenerado», mientras que *Dorje* –que traduce el sánscrito *Vajra*– denota la verdadera condición: el Adibuda. Así pues, el término Adibuda no indica un tipo particular de ser; se trata de un símbolo del Estado Primordial de todos los seres que sienten; este es el verdadero Adibuda representado por el *Vajra*. La imagen del *Vajra* que

---

1. Estas enseñanzas fueron dadas en Merigar, Italia, en julio de 1996.

representa al Adibuda –el Conocimiento del verdadero principio de la enseñanza– es solo un símbolo.

Ahora bien, cuando hablamos del *vajra* y la campana consideramos que el *Vajra* es el objeto que usamos, pero en verdad el *vajra* material es solo un símbolo. El *vajra* que estoy sosteniendo en mi mano justo ahora es un símbolo del *Vajra*, no es el verdadero *Vajra*. Sin embargo, a través de este símbolo podemos comprender nuestra auténtica naturaleza, nuestra verdadera potencialidad. Cuando seguimos la enseñanza y nos dedicamos a la práctica, el Conocimiento que obtenemos es denominado *Vajra*, y las tres dimensiones que descubrimos –el Dharmakaya, el Sambhogakaya y el Nirmanakaya– se conocen como los tres *Vajra*s. Nuestro cuerpo físico es un cuerpo ordinario, pero el cuerpo *Vajra* es el verdadero Estado, la verdadera naturaleza de nuestro cuerpo, que ya no se compone de carne, hueso, etcétera, porque estos últimos se desarrollaron a partir de la naturaleza de los elementos, y cuando se disuelve nuestra visión kármica y retornamos a nuestra verdadera naturaleza, nuestro cuerpo también regresa a la naturaleza de los elementos. En nuestra verdadera condición, los cinco elementos se simbolizan con los cinco colores, y los tres *Vajra*s con las tres sílabas –la OM blanca, la AH roja y la HUM azul, las cuales se representan siempre dentro de un *thigle* de cinco colores–. De hecho, el *thigle* es un símbolo del *Vajra*, pues representa la potencialidad de los cinco elementos. Lo mismo se aplica a la dimensión de la voz y de la mente, cuya verdadera naturaleza se designa como *Vajra*.

¿A qué se debe la forma del *Vajra*? Como se puede ver, en el centro hay una esfera, que representa nuestra verdadera naturaleza y potencialidad. En su verdadero sentido, es el *thigle*; una esfera que en cuanto tal carece de ángulos, pues simboliza nuestra verdadera naturaleza, que está más allá de todo límite y posee potencialidad infinita. En términos de las tres dimensiones del *Vajra* o los tres *Kayas* –el Dharmakaya, el Sambhogakaya y el Nirmanakaya–, la esfera central simboliza el Dharmakaya, las cinco puntas superiores el Sambhogakaya y las cinco puntas inferiores el Nirmanakaya. Lo que representan las puntas superiores e inferiores depende de nuestro modo de pensar. A menudo relacionamos lo que está arriba y lo que está abajo con los conceptos de bueno y malo respectivamente, pues se tiene la idea de que arriba está lo superior –como, por ejemplo, el Paraíso– y que abajo está lo inferior Incluso, en lo que respecta al cuerpo físico, consideramos que la cabeza es la parte más pura e importante y que los pies son lo más impuro de nuestro cuerpo. Esta es la razón por la cual el *Vajra* se representa de esa manera.

Se dice que nuestra condición posee infinita potencialidad. Esta potencialidad no pertenece solo a Samantabhadra o a los Budas; antes que nada, es nuestra propia y verdadera naturaleza. Sin embargo, esta potencialidad no siempre se manifiesta, pues toda manifestación depende de causas secundarias. Por ejemplo, un reflejo se manifiesta en un espejo porque hay un objeto frente a él; si no hay nada frente al espejo, nada se manifestará. De la misma manera, aunque nuestra verdadera naturaleza posee infinitas potencialidades, si las causas secundarias están ausentes, nada se manifestará; pero si esas causas están presentes se pueden producir dos tipos de manifestación: pura o impura, según la condición y la capacidad de la persona. Sin embargo nuestra verdadera naturaleza, nuestra Presencia, se halla siempre en su condición original, ya que todas las manifestaciones surgen de la esfera central del *vajra*. No importa si la manifestación tiende hacia arriba o hacia abajo, es siempre nuestra manifestación. De la misma manera, los reflejos que se manifiestan en el espejo, sean bellos u horribles, son siempre y únicamente manifestaciones del espejo.

No obstante, cuando algo se manifiesta, de inmediato caemos en la visión dualista: nosotros nos hallamos aquí y el objeto se encuentra allá. En este caso, la manifestación tiende hacia abajo y se denomina «visión impura». En términos de las tres dimensiones, se podría decir que es una manifestación del Nirmanakaya, porque la dimensión del Nirmanakaya está conectada con la potencialidad kármica. Cuando caemos en la visión dualista de sujeto y objeto, estamos totalmente condicionados por esta idea, y la condición resultante se denomina *samsara*. Si, en cambio, no caemos en la visión dualista cuando se presentan las causas secundarias, todo se manifiesta tal como es. Resumiendo nuestra metáfora anterior: en el espejo todo puede manifestarse en su propia medida, color y forma. El espejo nunca tiene la idea de ser el sujeto, o de que el reflejo es un objeto: todo se manifiesta como una función del espejo. Cuando permanecemos en el Estado simbolizado por la esfera central del *vajra*, lo que se manifiesta debido a las causas secundarias lo hace tal como es, y esta es la dimensión del Sambhogakaya representada por las cinco puntas superiores.

Según el punto de vista tántrico, las cinco puntas superiores del *vajra* son la «visión pura» y las inferiores la «visión impura». El origen de ambas visiones, sin embargo, es único y, sin importar cuál sea el modo de manifestación –puro o impuro–, la condición original nunca cambia, es siempre la misma. En el caso del espejo, para él tampoco hay diferencia si enfrente tiene a un cerdo o a un Buda; lo cual, en cambio, representa una gran diferencia para quienes viven en la visión dualista. Intentar estar en el Estado de Contemplación significa tratar de estar en el *thigle* o esfera para no ser condicionado por la visión pura o la visión impura. Pero debido a la visión dualista tenemos infinitas potencialidades kármicas, y por lo general en vez de hallarnos en la naturaleza del *thigle* nos distraemos con respecto a ella y caemos en la condición dualista.

El principio del *Vajra* es muy importante. Cuando practicamos y tratamos de comprender el principio de la enseñanza, necesitamos saber que toda nuestra existencia está vinculada con los tres *Vajra*s. Cuando en la práctica tántrica nos transformamos, por ejemplo, en la forma de una deidad pacífica, airada o gozosa, buscamos hallarnos en la condición de las cinco puntas superiores. Todos los seres Iluminados, que tienen una infinita potencialidad, se manifiestan en el nivel del Sambhogakaya, y por tanto su manifestación es como un ejemplo a seguir.

Hoy en día muchos maestros dan iniciaciones como la de Kalachakra, y mucha gente interesada en el Dharma se acercan a recibirla. Los maestros dicen que Kalachakra es una manifestación del Buda Shakyamuni, y que aunque es una enseñanza de los Tantras superiores, fue ofrecida por el Buda. Puede que hayamos escuchado esa explicación, pero ¿qué es en verdad Kalachakra? Es la manifestación de un ser Iluminado. No sabemos si del Buda Shakyamuni o de algún otro. Pero en cualquier caso podemos decir que es una manifestación del Dharmakaya, representado por la esfera que se halla en el centro del *vajra*, de la cual acabamos de hablar. Como consecuencia de causas secundarias, surgió esa manifestación. En efecto, el Dharmakaya es como un espejo frente al cual puede ponerse un ser humano o cualquier otro tipo de ser. En cada caso, el espejo reflejará lo que se le ponga enfrente. El verdadero Kalachakra está más allá de la forma y el color; es lo que se llama Dharmakaya. Cuando están presentes las causas secundarias, se puede manifestar una forma, y gracias a la forma los practicantes y *bodhisattvas* que tienen la capacidad de entrar en contacto con el Sambhogakaya pueden recibir la Transmisión de Kalachakra. En este caso la forma de Kalachakra es el *Vajra* del cuerpo. Lo que se recibe en la dimensión de la voz, como por ejemplo el sonido de los mantras, es el *Vajra* de la voz. Y el conocimiento adquirido mediante esta Transmisión por los discípulos que tienen la capacidad necesaria es el *Vajra* de la mente.

De este modo podemos comprender que Kalachakra posee los tres *Vajra*s, y por ello sirve como ejemplo que nos capacita para descubrir nuestros propios tres *Vajra*s. Cuando el maestro otorga la Transmisión de Kalachakra, introduce a los alumnos en ese Conocimiento, que potencia con la Transmisión. De esta manera, aplicando cada día el método y la práctica, se comienza a entrar en la dimensión de Kalachakra. Podemos decir que los tres *Vajra*s pertenecen a Kalachakra, pero en verdad los tres *Vajra*s de Kalachakra están en uno mismo. En el Tantrismo todos estos métodos son el Sendero, y el símbolo mismo es el Sendero. Haciendo uso del símbolo se puede alcanzar la realización correspondiente. Así pues, mediante los métodos tántricos es posible obtener todo tipo de realización.

Uno de los compromisos más importantes en el Tantrismo es el *samaya* de la visión pura. En general, vivimos en el dualismo de las visiones pura e impura y procuramos encontrarnos en la visión pura al menos mientras hacemos la práctica de transformación. Luego caemos de nuevo en la visión dualista, que es nuestra condición habitual. De acuerdo con el sistema tántrico, cuando recibimos la enseñanza, automáticamente tomamos un compromiso o *samaya* preciso. En los Tantras externos o inferiores, como en el Kriya, el Ubhaya o el Yoga Tantra, uno toma el compromiso de hacer la práctica cada día, y si no puede hacer la práctica entera, debe al menos recitar el mantra diariamente.

Ahora bien, en un nivel superior, el verdadero sentido del compromiso no es meramente recitar el mantra, sino entrar en la condición de los tres *Vajra*s. Desde este punto de vista podemos realizar el *sadhana* –o sea, la práctica– o una puja larga transformándonos en la deidad y visualizando todo lo que se debe visualizar en la práctica o, de una manera más esencial, simplemente procurar estar siempre en la condición de los tres *Vajras* –es decir, en la visión pura–. En conclusión, podríamos decir que, en los Tantras internos o superiores, el *samaya* consiste en entrenarnos para permanecer siempre en la visión pura. Y, en efecto, permanecer en la visión pura o entrenarnos para ser capaces de hacerlo nos ayudará a tener menos problemas.

Por ejemplo, todos los que reciben juntos la Transmisión de las enseñanzas o las iniciaciones relacionadas con ellas comparten un vínculo de hermanos y hermanas *vajra*. A diferencia de una relación normal, que uno puede modificar o alterar, la relación *vajra* no puede deshacerse. En general, después de algunos meses incluso amigos íntimos pueden volverse enemigos; de la misma manera, uno puede vivir por muchos años con alguien y luego abandonar a esa persona para irse a vivir con otra, y no podemos decir que estas cosas sean terribles, que sean el fin del mundo o que no deban hacerse. Pues bien, con nuestros hermanos y hermanas *vajra* este tipo de comportamiento no es permisible, porque, incluso si nos separamos, la relación *vajra* permanece, y puesto que esta es indestructible, si no respetamos a aquellos con quienes tenemos esta relación, crearemos gravísimos problemas. Por tanto, los practicantes siempre deben respetarse entre sí, y eso es particularmente importante en el caso de los practicantes de enseñanzas como el Tantrismo y el Dzogchén.

Para un practicante tántrico mantener el *samaya* significa

tener visión pura, y mientras nos hallemos en la dimensión de esa visión es imposible que tengamos problemas con nuestros hermanos y hermanas *vajra*, pues los conflictos solo surgen cuando no nos hallamos en la visión pura. En efecto, cuando pensamos que nuestro amigo está equivocado y que sus ideas y comportamiento son errados, enjuiciándolo, tenemos visión impura. De estas convicciones surge la crítica, que puede hacernos discutir, y así crear problemas. Si tenemos este tipo de problemas y somos buenos practicantes tántricos, podemos transformar los conflictos y las tensiones en visión pura a fin de que dichos conflictos y tensiones se disuelvan. No obstante, continuaremos teniendo visión impura, ya que entrenarnos en la visión pura no significa que ya la hayamos establecido. Ahora bien, puesto que todo depende de nuestra intención, no importa si la visión impura sigue surgiendo, siempre y cuando usemos la presencia para percatarnos de ella y transformarla. Sin duda alguna, si pensamos que alguien es malo y no transformamos este juicio en visión pura, lo único que conseguiremos será desarrollar fuertes tensiones; esta es la razón por la cual en el Tantrismo siempre procuramos encontrarnos en la visión pura.

En cambio, en el budismo Mahayana lo fundamental es observar nuestras intenciones. Observando nuestros pensamientos podemos descubrir si estamos o no pensando mal de alguien. Si estamos haciéndolo y mantenemos este pensamiento, con seguridad entraremos en acción y crearemos un karma negativo. ¿Qué podemos hacer entonces? Podemos transformar las intenciones negativas en positivas; esto es lo que se denomina cultivar la *bodhichitta*. En general, siempre es posible cultivar la *bodhichitta*, pues hacerlo depende de nuestra intención. Si no lo logramos, porque a pesar de que nos observamos y descubrimos que tenemos intenciones negativas no somos capaces de transformarlas, ello significa que estamos muy condicionados por las emociones. En este caso, necesitamos tomar nota de ello y, teniendo en mente las palabras del Buda según las cuales todo es ilusorio e irreal como un sueño, no dar demasiada importancia a lo que sentimos. Si creemos aunque sea un poquito en las palabras del Buda, podemos modificar nuestras ideas y no darle tanta importancia a las cosas, y si somos buenos practicantes de Tantrismo, podemos transformar la visión en la raíz de nuestros problemas en visión pura y de ese modo liberarlos. Estas son prácticas muy importantes.

Lo que se llama aplicar el *Vajra* día a día consiste en mantenernos conscientes del *Vajra*. En la condición relativa, todo está conectado con los tres *Vajra*s: los entes materiales y todos los fenómenos que podemos percibir con nuestros sentidos están conectados con el *Vajra* del cuerpo; los sonidos y las vibraciones que podemos captar están conectados con el *Vajra* de la voz; y lo que pensamos y juzgamos durante la vigilia, así como lo que soñamos mientras dormimos, está conectado con el *Vajra* de la mente. Cuando de verdad sabemos lo que significa *Vajra*, podemos estar siempre presentes. Esta es la práctica esencial.

Muchas personas dicen que cuando comenzaron a seguir la enseñanza hacían las prácticas, pero que ahora ya no pueden hacerlas porque están muy cansados por la noche o porque no tienen tiempo, etcétera. Pero no es verdad que no tengamos tiempo. No podemos decir que no tenemos tiempo de pensar, ya que continuamente pensamos; no podemos decir que no tenemos tiempo de respirar, pues inspiramos y exhalamos continuamente; y no podemos decir que no nos podemos mover, ya que nuestro cuerpo físico se mueve todo el tiempo. La práctica consiste en integrarnos con los tres *Vajra*s a fin de mantener siempre la Presencia. Esto es lo más importante.

Mucha gente piensa que cuando hablamos de practicar estamos refiriéndonos a hacer una transformación o visualización, o a realizar una *puja* con recitación, etcétera. Estas cosas son relativas y dependen de nuestras circunstancias. Cuando tenemos el tiempo y la oportunidad, podemos hacerlas, pero no son lo fundamental en nuestra práctica. Si estamos condicionados por la realización de *pujas*, recitaciones o transformaciones, pueden surgir muchos problemas, ya que hay algunas prácticas que no pueden hacerse en cualesquiera circunstancias. Por ejemplo, en un autobús, un tren o un automóvil no podemos hacer una *puja* con todas las ofrendas; por tanto, si estamos de viaje, puede que tengamos que esperar varios días antes de poder hacer la práctica. En ese caso, solo podremos practicar algunos días y en pocas ocasiones. No debemos entonces considerar que las prácticas más elaboradas sean las principales. La práctica fundamental consiste en vivenciar nuestra verdadera naturaleza, que no es otra que la verdadera condición de los tres *Vajra*s. Por esto el *Vajra* es tan importante.

El *vajra* posee cinco puntas. ¿Por qué son cinco? Porque representan los cinco agregados o *skandhas* (forma, sensación, percepción, impulsos y conciencia) y los cinco elementos (espacio, viento, agua, fuego y tierra) que constituyen nuestra existencia en la condición impura. Y cuando transformamos esta dimensión en la condición pura, todos ellos se manifiestan en la dimensión del Sambhogakaya como los cinco Dhyani Budas en *Yab-Yum*.

¿Por qué decimos que el Nirmanakaya corresponde a la dimensión impura del *samsara*? Puesto que en su totalidad nuestra potencialidad y nuestras manifestaciones están contenidas en los tres *Kayas*, cualquier cosa que se manifieste debido a la relación causa-efecto se manifestará en el nivel del Nirmanakaya; de esta manera surge la visión impura. Por ejemplo, el Buda Shakyamuni fue un Nirmanakaya, porque si bien es cierto que estaba Iluminado, tuvo un cuerpo físico. Su Estado comprendía también el Dharmakaya y el Sambhogakaya; pero en su manifestación Nirmanakaya dormía por las noches, se levantaba por las mañanas y en general vivía de una manera normal. En efecto, en esa época en la India la gente corriente podía tener contacto con él porque para ver o hablar con el Buda Shakyamuni no se requería tener ninguna realización especial: el Buda se manifestaba como una persona normal, aunque en el verdadero sentido su estado era el de alguien totalmente realizado. Así pues, el Buda Shakyamuni es un símbolo, un ejemplo del Nirmanakaya. Otros ejemplos son los *trulkus* o Lamas reencarnados del Tíbet; puede que no sean como el Buda Shakyamuni, pero en cierto sentido se consideran Nirmanakayas.

Renacer significa volver a nacer después de la muerte. En este sentido, todos los seres humanos renacen y, por tanto, son *trulkus*, aunque no sean reconocidos como tales, pues en el Tíbet el término *trulku* se usa solo para Lamas importantes. ¿Qué es entonces lo que hace la diferencia? La diferencia no yace en el hecho de que sean tibetanos, ya que tampoco todos los tibetanos son *trulkus* o reencarnaciones, sino más bien en la consideración de que un maestro es alguien realizado y que quienquiera que haya obtenido un alto nivel de realización ya no está condicionado por la potencialidad del karma. Sin embargo, debido a su gran compasión, un maestro realizado puede renacer a fin de ayudar a los seres, y su renacimiento es por tanto un acto libre y voluntario. En este caso, al maestro se lo designa como «reencarnación» y se considera que es un Nirmanakaya.

El renacimiento ordinario, en cambio, está vinculado con la potencialidad kármica. El Buda mismo dijo que la condición de nuestra vida actual es el producto de nuestro karma pasado y que nuestra vida futura depende, por encima de todo, de nuestras acciones en la vida presente. En efecto, en esta vida podemos acumular nuevo karma negativo o, por el contrario, purificar gran parte del karma negativo que ya hemos acumulado, y de ese modo modificar nuestra condición kármica. Es muy importante saber qué es el karma y cómo podemos incidir en él en nuestra vida diaria. A este respecto es bueno recordar que no todas las acciones negativas producen un karma, pues para crear un karma tienen que concurrir la intención, la acción consiguiente y la satisfacción subsiguiente.

El karma negativo está siempre conectado con emociones como la ira, el apego, los celos, etcétera. Cuando acumulamos estos estados negativos, producimos una potencialidad kármica que puede hacer que renazcamos en el reino animal, en el infernal, en el de los Preta o en el de los Asura. Este es el verdadero sentido de *samsara* y de la «visión impura». Si nos hallamos en la visión impura, la verdadera causa de ello es la distracción. De hecho, cuando las causas secundarias están presentes, nuestra potencialidad kármica nos ocasiona la caída en la visión dualista y, cuando hemos acumulado gran cantidad de karma negativo, tenemos poca claridad y muchos problemas. Esta es la razón por la que realizamos tantas prácticas de purificación. Purificar significa eliminar los obstáculos que reducen la claridad y obstaculizan la comprensión de nuestra condición. Así pues, en nuestra vida diaria debemos trabajar con los tres *Vajra*s. También trabajamos con los tres *Vajra*s cuando practicamos el *Guruyoga*, conectándonos con el verdadero Estado del Cuerpo, la Voz y la Mente de nuestros maestros. Y cuando visualizamos y recitamos las sílabas OM AH HUM la idea es encontrarnos en el Estado de los tres *Vajra*s.

Más aún, en el *Thun* medio tenemos la recitación *Vajra*, que es una de las prácticas más importantes. Como ya se ha sugerido, los tres *Vajra*s no pertenecen solo a los Realizados, ya que el principio de los *Vajra*s de todos nosotros es el mismo. Si me hallo en el Estado de mis tres *Vajra*s, ello significa que estoy también en el Estado de los tres *Vajra*s de Garab Dorje; de otro modo, no podría estar en el Estado de los tres *Vajra*s. Cuando sabemos esto y nos hallamos en ese Estado, al mismo tiempo estamos conectados con los tres *Vajra*s de Garab Dorje y con la Transmisión. Nos hallamos entonces en el Estado de los tres *Vajra*s no solo de nuestro maestro, sino también de todos los maestros: de Samantabhadra y de todos los *tathagatas* o Iluminados.

Así pues, no hay diferencia entre los tres *Vajra*s de la miríada de seres. Por esta razón, en el Dzogchén purificamos el karma negativo de vidas pasadas por medio del mantra OM AH HUM, que se considera como el mantra más poderoso, ya que representa los tres aspectos del Estado de todos los seres Iluminados. Para practicar la purificación es suficiente con visualizar un OM blanco, una AH roja y un HUM azul en nuestros tres sitios* y pronunciar dichas sílabas. Si también somos capaces de integrar los tres *Vajra*s con nuestra respiración, aplicando lo que se conoce como la recitación *Vajra*, la práctica será incluso más efectiva.

En este caso inhalamos indirectamente, cerrando nuestra glotis un poco, de modo que se escuche el sonido del aire que pasa, e imaginamos que este es el sonido del OM. Quienes

---

* Entrecejo, garganta y centro del pecho a nivel del corazón (*N. de la T.*).

no saben cómo hacer la respiración indirecta pueden hacerse una idea de ella recordando el sonido que hacemos a veces mientras dormimos. Si inhalamos indirectamente, podremos escuchar el sonido y conectarlo con la idea que tenemos del OM. Cuando hemos terminado de inhalar cerramos la glotis y retenemos un poco el aire, manteniendo la presencia del sonido AH. Luego exhalamos de manera indirecta imaginando el sonido del HUM. Debemos mantener siempre la intención de respirar con el OM AH HUM.

Esta práctica es muy importante porque es fácil de hacer. Por ejemplo, cuando caminamos o hacemos algo, si no estamos distraídos, siempre podemos hacer la recitación *Vajra*; incluso mientras respiramos normalmente. En una sesión de práctica podemos aplicar la recitación *Vajra* de una manera más elaborada, inhalando lentamente con el OM, reteniendo por un tiempo más largo con la AH y exhalando muy lentamente con el HUM. Después de la exhalación, repetimos el ejercicio cinco o siete veces. En la vida diaria, en cambio, es posible hacer la práctica de una manera muy simple, inhalando y exhalando normalmente. En este caso, no debemos distraernos bajo ninguna circunstancia. Si no estamos distraídos, es mejor respirar un poco más profundamente; en particular, la exhalación debe ser profunda y completa. Esto también ayuda a mejorar la salud, a estar menos confundidos y a entrar en un estado de calma. Nuestra respiración es muy importante. En general, se dice que la respiración es vida, y de hecho cuando la respiración se detiene la vida llega a su fin. Sabemos que después de la inhalación viene la exhalación, y así sucesivamente. Incluso aunque estemos distraídos nunca nos olvidamos de respirar. Es, pues, muy importante vincular nuestra respiración con la presencia por medio de la recitación *Vajra*.

Si logramos hacer esta práctica, podemos, por medio de su poder, purificar nuestro karma negativo. Incluso si no podemos realizar muchas sesiones de práctica o hacer un retiro de purificación de Vajrasattva, aplicando esta respiración en nuestra vida diaria tendremos una verdadera oportunidad de purificarnos y obtener los beneficios de la práctica, como si estuviéramos haciendo un retiro de Vajrasattva. Más aún, esta práctica es muy poderosa para coordinar nuestra energía o para reforzarla si se ha debilitado. En general, necesitamos alguna protección, y a menudo para lograrla tratamos de hacer la práctica de *Vajra*pani o de Gurú Tragpur y así sucesivamente. Si podemos hacer las prácticas de protección integrándonos al mismo tiempo en la claridad de la transformación, serán muy efectivas; pero si practicamos Vajrapani o Simhamuka solo con la idea de procurarnos protección, estaremos entablando una lucha muy dualista. En efecto, si pensando que fuera de nosotros hay algo negativo o alguien que nos perturba, nos manifestamos como un poderoso Vajrapani para destruir esa negatividad externa, dicha práctica, basada en nuestra visión dualista, no funcionará muy bien, pues la práctica solo funciona si somos capaces de gobernarla con la Contemplación. En general, para estar protegidos es mejor reforzar nuestra energía; este es un sistema más natural. Así que, en vez de entrar en la visión dualista, es mejor simplemente reforzar nuestra energía, para lo cual una de las prácticas más efectivas es la recitación *Vajra*.

Existen diversos problemas relacionados con la energía, y los que están más vinculados con nuestro cuerpo físico y con nuestra dimensión son los relacionados con los cinco elementos. Algunas funciones de los elementos pueden estar fallando o estar dañadas, tal vez en relación con circunstancias de tiempo y lugar. Según la astrología tibetana, en las distintas épocas del año están activos elementos diferentes. Por otra parte, están los elementos característicos de cada individuo, tales como los relativos al nacimiento. Por ejemplo, cuando el elemento del año y nuestros propios elementos están en conflicto, el funcionamiento de nuestros elementos puede verse dañado y descoordinado, aunque también puede deteriorarse debido a las circunstancias secundarias en las que nos hallamos. Cuando tenemos un punto débil, podemos volvernos muy pasivos y recibir todo tipo de negatividades; en consecuencia, pueden manifestarse problemas y enfermedades. En tales casos, necesitamos reforzar nuestra energía. Cuando nuestra energía está perfecta, es difícil que las negatividades que puedan existir en nuestras circunstancias nos afecten.

Por ejemplo, cuando aparece una enfermedad infecciosa, solo se contagian algunas de las personas que entran en contacto con ella, mientras que otras se mantienen sanas; eso depende de la condición del individuo. Otro ejemplo: nuestra familia puede recibir una provocación negativa de algún ser poderoso o de un practicante de magia, pero tales provocaciones no afectarán de la misma manera a todos sus miembros. Quienes tengan un punto débil ante ese tipo de energía serán los primeros afectados, y luego, poco a poco, podrían seguir los demás. En tales casos, la recitación *Vajra* es la mejor protección que existe, porque en ella la energía del sonido de los tres *Vajra*s se integra con la respiración, que está conectada con el *prana* y la energía vital, y de esta manera con la totalidad del cuerpo físico. Más aún: aunque sabemos que es extremadamente importante mantener nuestra presencia, casi siempre estamos distraídos; pero si recordamos hacer la recitación *Vajra* también mantendremos la presencia.

Podemos percatarnos, pues, de que hay mucho que aprender respecto al *Vajra*. En su verdadero sentido, el *Vajra* es nuestra real condición, que no puede cambiarse o alterarse, pues se halla más allá de todo límite y condicionamiento. Se dice que el *Vajra* tiene siete cualidades que son como las del diamante: no se puede cortar, es indestructible, es verdadero, es impenetrable, es estable, no se puede obstruir y es invencible. Pero lo que siempre debemos recordar es que el *Vajra* es nuestra verdadera naturaleza.

En la enseñanza Dzogchén, el Estado Primordial y el *Vajra* poseen el mismo principio; por ello el *Vajra* se usa también para representar el Estado de Samantabhadra, quien representa nuestra potencialidad y la de todos los seres que sienten, una potencialidad que es es infinita. A diferencia de lo que ocurre por ejemplo con un programa de computación, el Estado Primordial, que es nuestra infinita potencialidad, no puede construirse o producirse; y debido a que por naturaleza le son inherentes infinitas cualidades, puede manifestar cualquier cosa. En el Dzogchén, la metáfora del espejo se usa para ilustrar esta infinita potencialidad, y aunque por medio de una metáfora no es fácil comprender lo que significa «ir más allá de todo límite», la del espejo es muy efectiva. Un espejo, no importa lo pequeño que pueda ser, puede reflejar todo tipo de cosas, incluso una enorme montaña. Aunque lo grande no es pequeño y lo pequeño no es grande, un espejo pequeño puede reflejar una enorme montaña; este es un ejemplo de la posibilidad efectiva de romper nuestros límites. Así podemos entender el significado del término «más allá», que es fácil de usar, pero no de comprender.

Cuando estudiamos un Tantra, a menudo leemos que al comienzo hubo una manifestación del Sambhogakaya. Por ejemplo, Samantabhadra se manifestó como Vajrasattva o Kalachakra, quien a su vez transmitió la enseñanza manifestándose a un practicante. Luego el Tantra explica la dimensión del mandala en su totalidad y el Sendero con todo detalle, para concluir diciendo, sin embargo, que Samantabhadra jamás se manifestó como Vajrasattva y que a su vez Vajrasattva nunca se manifestó a nadie, jamás dio Transmisión alguna y jamás la dará. ¿Qué podemos pensar al respecto? ¡Al principio se dijo que se lo explicaría todo, y al final se dice que nada es cierto!

Estas cosas nos parecen difíciles de comprender porque no entendemos lo que en verdad significa «ir más allá». Vajrasattva jamás salió de Samantabhadra para dar explicaciones. También en un espejo se manifiesta la forma de un ser humano o de lo que sea que esté frente a él, pero el espejo nunca cambia, pues siempre sigue siendo un espejo; este representa el Dharmakaya, y lo que significa «ir más allá» es hallarnos en dicha condición. Un símbolo del Dharmakaya –el cual, como se ha visto, es representado por la esfera central del *Vajra*– es una bola de cristal que es siempre pura, clara y límpida, pero que, colocada en una mesa roja, parece roja, asumiendo los diferentes colores de la mesa porque esas son las circunstancias en que se encuentra. La bola de cristal puede manifestarse de diferentes maneras, pero nunca cambia, pues siempre permanece tal como es: pura, clara y límpida. Esto significa que desde el origen el Dharmakaya es tal cual es; posee una infinita potencialidad gracias a la cual puede manifestar innumerables formas.

Nosotros tenemos la misma potencialidad que Vajrasattva o Samantabhadra; la diferencia yace en el hecho de que hemos caído en la visión dualista y acumulado muchos problemas. Ahora recibimos las enseñanzas y, por medio de la Transmisión procuramos revertir nuestra condición a fin de retornar a nuestro Estado Original. Sin embargo, aunque aprendamos a entrar en el Estado de Contemplación, aún no somos como Samantabhadra, pues tenemos infinitas potencialidades kármicas que purificar, para lo cual no siempre es necesario que hagamos la práctica de Vajrasattva, postraciones u otras prácticas de purificación. Cuando las condiciones son apropiadas, podemos aplicar todos estos métodos, pero el mejor método de purificación, el más poderoso y efectivo, es la Contemplación.

Esta es la razón por la que siempre procuramos entrar en el Estado de Contemplación o Estado *Vajra* y luego, entonando el canto del *Vajra*, permanecemos en Contemplación, integrándolo todo en dicho Estado; esta es la purificación más poderosa. Además tenemos la danza del canto del *Vajra*, en la que integramos todos los movimientos de nuestro cuerpo y nuestra energía en el Estado del *Vajra* –en particular la danza de los tres *Vajra*s: OM AH HUM–. Así pues, hay muchos métodos para entrar en el Estado del *Vajra*.

Los tres *Vajra*s son la totalidad de nuestra dimensión. Aunque todavía vivimos en la visión dualista y pensamos: «Aquí está mi vida, allá están mi mundo y mi dimensión, y más allá está el universo», podemos integrarlo todo en nuestra condición por medio del poder del *Vajra*, y de ese modo hallarnos en el Estado del *Vajra* por medio de la Contemplación, el *Guruyoga* o la danza del *Vajra*. De esta manera no nos limitamos a estar sentados en silencio en el Estado de los tres *Vajra*s, sino que, sabiendo que en el Estado de los tres *Vajra*s también hay movimiento, aplicamos métodos para integrarlo en la Contemplación; esto es muy importante. Es relativamente fácil aprender a relajarnos cuando hay silencio y tener alguna pequeña experiencia del estado calmo o de *shiné*. Quienes se encuentran particularmente agitados o inquietos consideran que esto es maravilloso, pero nuestra Verdadera Condición no consiste solo en permanecer sentados. De hecho, después de nuestra sesión de práctica nos levantamos, salimos, nos reunimos con gente, y puede que incluso nos sintamos más inquietos que antes; esto revela que no sabemos integrar la práctica en nuestra vida. En consecuencia, en cualquier práctica es de vital importancia que integremos nuestra existencia en la Verdadera Condición, en la que también hay movimiento.

Por esto es tan útil realizar la recitación *Vajra* mientras se está caminando o haciendo algo. Lo mismo se aplica a la danza del *Vajra*: aunque no sepamos cómo hacerla perfectamente es muy importante que logremos integrarla en el Estado de Contemplación, pues así aprendemos que es posible integrar cualquier movimiento en ese Estado. Como dijo Milarepa: cualquier palabra es un *doha* (un canto de un realizado) y todo movimiento es un *yantra*. Esto ocurre cuando somos capaces de permanecer en el Conocimiento –o lo que es lo mismo, en la Presencia Instantánea–, de modo que mediante la Contemplación se gobiernen las tres dimensiones: cuerpo, voz y mente, que de esta manera se manifiestan como los tres *Vajra*s. Esta explicación es muy útil para optimizar nuestra práctica. Tratemos de hacer todo de la mejor manera posible en nuestra vida diaria, integrándolo todo en la Contemplación, con la conciencia de que de esta forma siempre tendremos la oportunidad de practicar y de que ya no podremos seguir diciendo que no tenemos tiempo.

Sin embargo, no debemos limitarnos. También es útil aprender prácticas más complicadas, ya que en la vida nos enfrentamos a distintas situaciones. Un buen practicante es totalmente libre y, entendiendo en todo momento cuáles son las circunstancias, sabe usar los métodos apropiados. Ponerse al sol, zambullirse en el agua o subir a las montañas son situaciones diferentes. Los practicantes también necesitan saber usar las circunstancias tal como se presentan, sin necesidad de ir a buscarlas. Aprendemos diferentes métodos para poder usarlos cuando se requieran. Usamos un paraguas o un impermeable cuando está lloviendo, y un buen abrigo cuando hace frío. Aunque el abrigo sea muy bonito, no lo usamos durante el verano, pues la gente se reiría y pensaría que somos un poco raros.

De la misma manera, cuando recibimos una enseñanza no debemos pensar que tenemos que aplicarla en todo momento. En general, los seguidores de las enseñanzas del Sutra o de los Tantras externos o inferiores tienen este tipo de actitud y no desean recibir muchas enseñanzas. Los segundos, porque temen no ser capaces de mantener los diversos compromisos que cada enseñanza comporta, lo cual puede ser cierto, ya que los Tantras externos o inferiores implican muchos compromisos. Pero si entendemos la esencia de las enseñanzas, sabremos que el objetivo final de todos los métodos es la realización y, en consecuencia, podremos emplearlos siempre que sean necesarios.

Siempre uso el ejemplo del impermeable: si no lo necesitamos, lo ponemos a un lado, pero cuando las circunstancias lo exigen lo tomamos de inmediato. Esta debe ser nuestra actitud cuando aprendemos las enseñanzas, a fin de que nos sean beneficiosas. Aunque aprendamos cientos de métodos diferentes, debemos tener en cuenta que el objetivo final de todos ellos es el mismo: entrar en la vivencia de nuestra verdadera naturaleza. La enseñanza puede ser de Sutra o de Tantra, o de algún otro tipo, pero el propósito es siempre entrar en la vivencia de la esfera central del *Vajra*; esto es lo fundamental.

La enseñanza es muy importante para todos los seres. Muchos no creen en ella y no la siguen, lo cual no significa que no la necesiten; simplemente no son conscientes de la importancia de descubrir su verdadera naturaleza. Atrapadas en la visión dualista y completamente concentradas en el ego, las personas no son capaces de ver más nada y a menudo no están interesadas en la enseñanza. En verdad, todo el mundo necesita las enseñanzas para tener menos tensiones y problemas en su vida diaria. Mucha gente habla de «paz en la Tierra», pero no puede haberla si no tenemos paz interior. Cada uno de nosotros es un miembro de la sociedad, y la sociedad es una colección de individuos que viven juntos; por tanto, cada persona debe evolucionar individualmente. Claro está, los poderes político y militar pueden cambiar una sociedad, pero solo provisionalmente y nunca de manera verdadera.

De hecho, la sociedad se compone de muchos individuos, cada uno con su propio punto de vista, sensaciones y sentimientos. Si queremos paz, felicidad y progreso, cada persona deberá trabajar sobre sí misma para lograr esos objetivos. La sociedad es como un agregado de números. Cuando hablamos de números, no hablamos solo de uno o dos; hay millones, pero si queremos contarlos, debemos comenzar por el número uno; luego viene el dos, y luego los demás. Si pienso en la sociedad, yo soy el número uno; si tú piensas en la sociedad, tú eres el número uno.

Así pues, debemos comenzar desde nuestras dificultades y límites. Si nos liberamos de nuestros límites, otros podrán emularnos. Por ejemplo, cuando llegué a Italia desde la India solo traía conmigo una pequeña maleta. Al principio trabajé para un instituto en Roma, luego en la universidad, y de esta manera conocí a alguna gente interesada en la enseñanza. En esa época nadie sabía qué era la enseñanza Dzogchén; solo había algunas personas que tenían una idea vaga de lo que era el budismo Zen. Cuando conocí a algunos que estaban interesados, les expliqué algo de Dzogchén. Al principio éramos dos o tres personas, y así siguieron las cosas durante dos o tres años. Luego esas personas hablaron del Dzogchén con sus amigos, y el número de interesados aumentó a cien, a mil, y después creció mucho más. Años atrás, en Occidente, nadie sabía lo que era el Dzogchén, pero ahora mucha gente lo conoce y numerosos maestros lo enseñan. Mucha gente ha comprendido que el Dzogchén es muy importante para descubrir la verdadera naturaleza de cada uno y entrar en nuestra verdadera condición. Este es, pues, un ejemplo en el que yo soy el número uno.

Si queremos que haya paz en el mundo, lo único que debemos hacer es desarrollar la conciencia y el Conocimiento de nuestra verdadera naturaleza. No basta con que representantes de dos o tres países se reúnan en una gran ciudad y hagan una gran recepción. Pienso que la paz solo es posible si la gente trabaja sobre sí misma. Es muy importante para los practicantes del Dharma saber estas cosas. Convertirse en practicantes también significa asumir esta responsabilidad.

La dedicación de méritos[1]

El tercer principio sagrado es la Dedicación de Méritos, una práctica inseparablemente vinculada con nuestra intención. Por ejemplo, cuando hacemos una práctica de larga vida, la hacemos porque queremos tener una vida larga y próspera, con la mayor influencia de factores positivos. Pero no basta con tener esta intención; debemos preguntarnos por qué queremos una larga vida, ya que no tendría sentido querer prolongar nuestra vida solo para contar con más tiempo para nuestros negocios o intereses políticos. Debemos realizar las prácticas de larga vida porque deseamos extender nuestra existencia a fin de alcanzar la realización; si vivimos más, tendremos más tiempo para practicar y, si somos prósperos, menos obstáculos interferirán en nuestro objetivo.

Por otra parte, el propósito de la realización es beneficiar a todos los seres; por ello estamos en el Sendero. Debemos tener presente que los infinitos seres a quienes les dedicamos

1. Estas enseñanzas fueron dadas en Tsegyalgar, Estados Unidos, en octubre de 1994.

los méritos que surgen de nuestras buenas acciones y prácticas no conocen las enseñanzas ni el Sendero. Esto significa que experimentan sufrimiento sin fin. Por tanto, procuramos obtener la realización no solo para nuestro propio beneficio, sino con la conciencia del infinito sufrimiento de los innumerables seres del *samsara*. Si desarrollamos esta conciencia, surgirá, en lugar de una compasión artificial, una genuina compasión.

El Buda enseñó que debíamos observarnos a nosotros mismos y que, como resultado de observar nuestra propia condición, surgiría el deseo de ayudar a los demás. Si nos colocamos en el lugar de quienes no están en el Sendero, podemos comprender que su sufrimiento no tiene fin; tales seres no tienen ninguna garantía de que se liberarán, y ello es muy duro.

Quienes estamos en el Sendero hemos establecido una conexión por medio de la cual no solo podemos recibir y practicar las enseñanzas, sino que –y esto es lo más importante– tenemos verdadera garantía de que un día obtendremos la realización. Somos afortunados por haber aprendido muchos métodos, algunos de los cuales, usados correctamente, nos pueden llevar a la realización en esta misma vida. Pero no debemos pensar solo en nosotros mismos; debemos recordar el sufrimiento de todos los seres y así cultivar la *bodhichitta* –la aspiración altruista de alcanzar la realización por el beneficio de todos los seres– y aplicarla de un modo vívido y concreto, con verdadera compasión que no consista en meras palabras.

A veces, las personas hablan mucho acerca de la *bodhichitta* y el amor hacia los demás, pero nunca observan sus propios pensamientos e intenciones. Se valen de ardides, como lo hacen los políticos, que a menudo prometen todo tipo de cosas, pero, una vez elegidos, no cumplen nada. Por ejemplo, los dirigentes de un partido pueden prometer repetidamente que si los elegimos nos proveerán de manera gratuita de todo lo que necesitemos pero, una vez que ganan las elecciones, se olvidan convenientemente de todo lo que prometieron. Por desgracia, nosotros a veces hacemos lo mismo: proclamamos con pompa practicar la compasión por el beneficio de todos los seres; pero si de veras observáramos el modo como nos comportamos, nos percataríamos de que ni siquiera relajamos nuestras tensiones lo suficiente como para llevarnos bien con nuestros amigos o con nuestros hermanos y hermanas *Vajra*. No tenemos compasión ni siquiera hacia quienes están cerca de nosotros. ¿Cómo podríamos entonces tenerla hacia todos los seres? Este tipo de falsedad no se corresponde con la verdadera *bodhichitta*, con la verdadera expresión de una intención pura de beneficiar a otros.

Acumulamos méritos por medio de la práctica de la Contemplación. En efecto, cuando practicamos algo tan profundo como el canto del *Vajra* y nos hallamos en el Estado de Contemplación, podemos acumular méritos infinitos. Cuando doy una explicación de la enseñanza y con una intención correcta, mis alumnos tratan de entender y, colaborando conmigo en el campo de la Transmisión, descubrir el Conocimiento, ellos pueden acumular infinitos méritos.

Debemos entonces dedicar estos méritos a todos los seres que sienten. Una vez que se han dedicado los méritos, no podrán ser destruidos jamás. Como afirmó el gran maestro Shantideva en el *Bodhisattvacharyavatara* (*Una guía para la conducta del bodhisattva*): si no has dedicado tus méritos y, por ejemplo, perdiendo tu presencia te dejas llevar por una fuerte emoción como la ira, en ese momento de ira puedes destruir los méritos que puedas haber acumulado durante miles de ciclos cósmicos temporales o *kalpas*. En cambio, si has dedicado tus méritos, nunca podrán ser destruidos, solo podrán acumularse. Por esta razón dedicamos nuestros méritos a todos los seres usando los siguientes versos tibetanos:

> *Gewa diyi kyewo kun*
> *Sönam yeshe tsog dzog shing*
> *Sönam yeshe le jungwai*
> *Tampa kunyi thobpar shog.*[2]

Estas palabras de invocación fueron compuestas por Nagarjuna y es bueno emplearlas al final de una sesión de enseñanzas.

Gewa significa «acciones virtuosas» o «méritos» y se refiere a los méritos que hemos acumulado por medio de la práctica, escuchando, sentados en posición de meditación, etcétera. Estas cosas requieren esfuerzo y, por tanto, el hacerlas con la intención correcta nos permite acumular méritos. *Diyi* quie-

---

2. *Dge ba 'di yis skye bo kun*
   bsod nams ye shes tshogs rdzogs shing
   bsod nams ye shes las byung ba'i
   dam pa sku nyis thob par shog.

re decir «con estos», de modo que las dos primeras palabras significan «con estos méritos» (que hemos acumulado). Las siguientes dos palabras, *kyewo kun*, se pueden traducir como: «todos los seres vivos».

Sönam yeshe se refiere a las dos acumulaciones: la acumulación de méritos que se deriva de las buenas acciones (*sönam*) y la acumulación de sabiduría (*yeshe*: la sabiduría inherente a la Presencia no dual) que se deriva de la práctica de la Contemplación y de la meditación. *Tsog dzog shing* significa «acumular». De este modo expresamos el deseo de que, gracias a los méritos que hemos acumulado con nuestra práctica, todos los seres desarrollen las dos acumulaciones: la de méritos y la de la sabiduría de la Presencia no dual.

Sönam yeshe le significa «de estas dos acumulaciones, la de méritos y la de sabiduría»; y *jungwai* quiere decir «eso surge» o «eso se desarrolla». *Tampa kunyi thobpar shog* quiere decir «que los seres obtengan las dos realizaciones o dimensiones sagradas». Las realizaciones a las que se alude son el Dharmakaya y el Rupakaya. El Dharmakaya es el aspecto de la realización que está más allá de toda forma y por ende de todo límite: la dimensión de la «vacuidad», que es la condición intrínseca de todos los fenómenos y el Estado de Realización de todos los Iluminados. Por su parte, el Rupakaya es la dimensión de la miríada de formas que se manifiestan como el juego espontáneo de la energía sin forma del Dharmakaya.

El Sambhogakaya y el Nirmanakaya son dos dimensiones de la realización a las cuales, cuando se habla de los tres *kayas*, siempre se hace alusión junto al Dharmakaya. En estos versos no se mencionan porque son los dos aspectos de la dimensión de la forma que se denomina Rupakaya, a la que ya se ha hecho referencia. El Sambhogakaya es la dimensión de la forma en su manifestación pura –en la que el Dharmakaya, que carece de forma, se manifiesta como la esencia de los elementos, que es luz–, mientras que el Nirmanakaya es la energía del Dharmakaya cuando se manifiesta en la dimensión de la forma en su expresión impura. Por ejemplo, la manifestación física del Buda como Shakyamuni es, como ya se ha señalado, una manifestación Nirmanakaya. Así pues, la obtención de los dos *kayas* mencionados aquí –el Dharmakaya y el Rupakaya– en verdad no es otra que el logro de los tres *Kayas*.

En suma, en esta invocación, usando las palabras de Nagarjuna expresamos el deseo de que todos los seres desarrollen las dos acumulaciones (que son: (1) la de méritos, y (2) la de la sabiduría, que consiste en la Presencia no dual) por medio de la acumulación de acciones virtuosas en la actividad de enseñanza o de práctica en que hayamos participado, y el deseo de que por medio de los méritos y la sabiduría que resultan de nuestra práctica todos los seres puedan alcanzar la realización de las dos dimensiones en cuestión.

Luego siempre se añade el mantra:

OM DHARE DHARE BHANDHARE SVAHA
JAYA JAYA SIDDHI SIDDHI PHALA PHALA
'A A HA SHA SA MA MAMAKOLING SAMANTA.

Este es un mantra muy poderoso que se usa para potenciar nuestra práctica, a fin de que se vuelva real y concreta y no una mera invocación. Puesto que aún no estamos realizados y carecemos del poder suficiente, necesitamos la potencialidad de este mantra para potenciar nuestra práctica.

JAYA JAYA SIDDHI SIDDHI PHALA PHALA 'A A HA SHA SA MA MAMAKOLING SAMANTA es un mantra con el que potenciamos nuestra capacidad de descubrir y entender la Base, el Sendero y el Fruto, que son los tres aspectos fundamentales de la enseñanza.

Jaya significa «victoria» y representa la comprensión de la Base. Desde el comienzo mismo nuestra verdadera naturaleza, nuestra verdadera Base, ha sido la condición «victoriosa» del Estado Autoperfecto, un estado que supera todos los obstáculos. Con este mantra potenciamos nuestra práctica a través del Conocimiento y la comprensión. Repetimos *Jaya* dos veces: la primera vez la palabra representa nuestra verdadera condición o Base; la segunda vez representa el reconocimiento de que ahora nos hallamos en esa verdadera condición, en el Estado de Presencia Instantánea, en Contemplación. Hemos entrado de veras en la vivencia y comprensión de lo que indica la palabra Base, que es nuestra verdadera naturaleza.

Siddhi significa «logros». Aquí la palabra *Siddhi* alude al Sendero, o la meditación. Por lo general, en el Sendero meditamos. ¿Por qué lo hacemos? Para alcanzar la realización. Ahora bien, debemos recordar que los logros a los que aquí se hace referencia no son algo nuevo que adquirimos; son aspectos de nuestra verdadera naturaleza, que ha sido autoperfecta desde el comienzo mismo; lo único que hace falta es que permanezcamos en nuestra verdadera condición, que desde el comienzo ha estado siempre manifiesta, pero de la cual no hemos tenido conciencia. La palabra *Siddhi* se usa aquí para reconocer el hecho de que es a través de la práctica, del Dharma, que podemos hallarnos en nuestra verdadera condición, condición que en el Dzogchén se denomina Estado de *Lhundrub*: el Estado Autoperfecto.

Luego repetimos dos veces la palabra *Phala*, que significa «Conocimiento del Fruto». En general, tenemos la idea de que algún día en el futuro nos Iluminaremos; vemos la iluminación como algo que nos llegará más adelante. Pero en el más profundo sentido nuestra verdadera naturaleza es autoperfecta desde el comienzo. Y *Phala* significa estar en ese Estado de Conocimiento, un Conocimiento vivencial de nuestra propia condición que se manifiesta como Fruto; en la comprensión de que nuestra práctica actualiza esa condición en forma de la realización misma.

Usando estas palabras *JAYA JAYA SIDDHI SIDDHI PHALA PHALA* potenciamos nuestra práctica con el Conocimiento de la Base, el Sendero y el Fruto.

Luego continuamos con la potenciación de nuestra práctica al recitar las sílabas 'A A HA SHA SA MA, que representan los seis espacios de Samantabhadra. Samantabhadra no es solo el nombre del Adibuda, el Buda Primordial. El término indica también nuestra potencialidad intrínseca, nuestra verdadera condición. Esta condición verdadera posee seis aspectos o manifestaciones porque se llega a ella revirtiendo las causas de los seis reinos del *samsara*, un proceso que se activa mediante el uso de estas seis sílabas del mantra.

Finalmente, recitamos las palabras MAMAKOLING SAMANTA. Recitando este mantra continuamos en el Estado de Presencia Instantánea, potenciándolo todo en nuestra vida mediante la Contemplación. Continuamos en el Estado de Contemplación, de modo que todas las circunstancias de nuestra vida diaria se conviertan en práctica.

De aquí se sigue que, siempre que practiquemos o apliquemos las enseñanzas, será esencial que todas nuestras intenciones y acciones estén conectadas con los Tres Principios Sagrados. Es importante que comprendamos estos principios y nos aseguremos de que ninguno de sus aspectos falte en nuestra práctica. Debemos tenerlos presentes todo el tiempo. En la práctica del Dzogchén, todo en nuestra vida está totalmente integrado, sin que quede nada fuera.

Glosario

Adibuda, Adi Buda o Buda Primordial: representación de la naturaleza búdica (en sánscrito, Buddhadhatu, Tathagatagarbha, Sugatagarbha, Buddhatva, etcétera), que no es otra cosa que nuestra verdadera condición, pues desde siempre esta ha sido la Budeidad –y en particular del Dharmakaya– (1) la mente búdica, que es la verdadera condición de la mente y que en esencia es vacuidad, y (2) la vacuidad, que según el Mahayana es la verdadera condición de todos los fenómenos. En cuanto Base [véase «Base en el Dzogchén»]. En la enseñanza Dzogchén aparece representado como un Buda desnudo, puesto que en su verdadera condición el Dharmakaya no está cubierto por el «ropaje» de los pensamientos que en el *samsara* lo ocultan. Se representa también como una pareja de Budas –uno masculino y uno femenino, ambos totalmente desnudos– en unión erótico-místico, donde él representa el Dharmakaya [véase más adelante] y ella el *Dharmadhatu* [véase]; los dos aspectos son indivisibles, pues no hay separación entre el Dharmakaya, que es la verdadera condición de la mente y que en el *samsara* percibimos erróneamente como una dimensión interna, y el *Dharmadhatu*, que es la verdadera condición del espacio y que, mientras estamos en el *samsara*, percibimos erróneamente como algo externo. Samantabhadra es el nombre del aspecto masculino y Samantabhadri el del femenino.

Agregados: en sánscrito, *skandhas*. Este término se refiere a los cinco conjuntos de elementos que, según la enseñanza budista, interactúan para generar la ilusión de ser un yo o sí mismo sustancial y continuo (y de que los entes que percibimos como externos a nosotros también son sustanciales y continuos). Los cinco agregados son: *rupa* o forma; *vedana* o sensación; *samjña*, que comprende lo que llamamos conceptuación, lo que denominamos percepción y lo que designamos como reconocimiento; *samskaras*, que son los impulsos repetitivos habituales que nos hacen girar en la rueda de la vida, y *vijñana* o conciencia.

Árbol de Refugio: visualización del maestro que originó el linaje de nuestro maestro (en la Comunidad Dzogchén, Garab Dorje, revelador primordial del Dzogchén budista, o Padmasambhava [véase], quien introdujo la enseñanza Dzogchén en el Tíbet) y, debajo o a su alrededor, los principales eslabones en la Transmisión de dicho linaje hasta nuestro maestro (en las prácticas de la Comunidad Dzogchén, a estos últimos, por lo general, los obviamos). En un árbol completo, los maestros están rodeados de *Devatas* [véase] –formas búdicas del Sambhogakaya que se visualizan en el Sendero de Transformación del Tantrismo–; *Dakinis* [véase], que *en este caso* son sobre todo las formas búdicas femeninas del Sambhogakāya que se visualizan en ese mismo Sendero; y Guardianes de la enseñanza o *Dharmapalas* [véase]. Sobre todo en la enseñanza Dzogchén, la figura principal que se halla en el centro del Árbol de Refugio (en la Comunidad Dzog-chén, Garab Dorje o Padmasambhava) representa a nuestro propio maestro, ya que en los Senderos de Autoliberación del Dzogchén y de Transformación del Tantrismo es nuestro propio maestro quien constituye el Refugio principal.

Arhat: realizado del Hinayana que, según este sistema, ha obtenido la liberación del *samsara* y, por tanto, ha quedado liberado de sus sufrimientos, limitaciones y desventajas para siempre.

Base (en el Dzogchén): todo vehículo budista debe tener tres aspectos, que son la Base, el Sendero y el Fruto. En el Hinayana, la Base es nuestra condición samsárica, el Sendero es la práctica de los métodos del Hinayana, y el Fruto es el estado de *arhat* (o realizado del Hinayana) [véase]. Hay, pues, una discontinuidad entre los tres aspectos. Cuanto más «elevado» y directo es un Sendero, mayor es la continuidad (en sánscrito: Tantra) entre la Base, el Sendero y el Fruto. En el Dzogchén la Base es la naturaleza de la mente, que se ilustra con el ejemplo del espejo, y que puede funcionar de un modo que la oculta y distorsiona, dando lugar al *samsara*, o puede hacerse plenamente patente, con lo cual se manifiesta el nirvana. El Sendero es el repetido e, idealmente, constante hacerse consciente de la Base tal como es. Y el Fruto se obtiene cuando la Base ya no vuelve a ocultarse ni distorsionarse nunca más.

Bodhichitta (**en tibetano,** *changchubsem* [*byang chub sems*]): combinación de *bodhi,* que significa «Despertar», pero que por lo general se traduce como Iluminación, y *chitta*, que quiere decir «mente». En el Mahayana, la «mente del Despertar» puede ser relativa o absoluta. La relativa es la mente que está orientada a alcanzar la budeidad por el beneficio de todos los seres. La absoluta se define como indivisibilidad de vacuidad (patencia de la ausencia de autoexistencia y sustancia de todos los fenómenos y seres vivos) y compasión no referencial. En el Dzogchén, el término indica la verdadera condición o naturaleza de nuestra mente, que se compara con un espejo que manifiesta innumerables reflejos y que corresponde a nuestra naturaleza búdica [véase]. Cuando se hace evidente –en cuyo caso se denomina *rigpa*, que en este libro se traduce como Conocimiento y como Presencia Instantánea–, corresponde a la *Bodhichitta* absoluta del Mahayana. Aunque *chitta* es un sustantivo de género neutro, cuando va al final de una palabra compuesta hace que la palabra sea femenina; por eso traducimos el término *bodhichitta* como un sustantivo femenino.

Bodhisattva (**en tibetano,** *changchubsempa* [*byang chub sems pa*]): combinación de *bodhi* o Despertar, y *sattva*, que se refiere al individuo. El *bodhisattva* es alguien que ha desarrollado la *bodhichitta* [véase] y que está dedicado a obtener la Budeidad por el beneficio de todos los seres vivos. El *bodhisattva* renuncia a extinguirse en el nirvana a fin de seguir trabajando por todos los seres vivos.

Buda: literalmente significa «Despierto», aunque también se traduce como «Iluminado». El término indica a quienes han alcanzado el fruto final de la práctica budista del Mahayana, el Vajrayana y el

Dzogchén, y de ese modo se han liberado completamente del *samsara* [véase]. Según el Mahayana, los Budas han seguido el sendero del *bodhisattva* [véase]. No obstante, según el Dzogchén, el Vajrayana y los *Tathagatagarbhasutras* del Mahayana, todos tenemos la naturaleza búdica: todos somos Budas, aunque nuestra Budeidad se encuentre velada y obstruida por los obstáculos kármicos, lo cual se compara con el hecho de que, aunque el sol brilla siempre, puede ser ocultado por las nubes.

Chülen (*bcud len*; en sánscrito, *rasayana*): «tomar la esencia». En este libro, los términos indican una práctica en la que gradualmente se reduce la ingestión de comida, hasta que se deja de comer y se toman solo píldoras, se bebe agua y se respira aire; luego la ingesta de píldoras y agua se va reduciendo también, y finalmente se abandona el agua y se vive solo de aire. Si bien esta es una práctica importante para abandonar los apegos y purificarnos, no es la práctica principal para la realización.

Contemplación: Chögyal Namkhai Norbu usa este término –que en este libro escribimos con mayúscula– para traducir el término sánscrito *bhavana* y el tibetano *gompa* (*sgom pa*) cuando se emplean como lo hace la enseñanza Dzogchén: para indicar la continuidad del Estado de Presencia Instantánea o de Conocimiento (en tibetano, *rigpa*) durante una sesión de práctica (en tibetano, *thun*). Estrictamente hablando, aunque nos encontremos en una sesión de práctica, solo cuando estamos en *rigpa* puede decirse que estamos en Contemplación. Cuando en este libro se usa el término «contemplación» en minúscula, se está haciendo referencia a meditaciones que pertenecen a la realidad relativa, y no necesariamente se están traduciendo el término sánscrito *bhavana* y el tibetano *gompa*.

Dakini (en tibetano, *khandro* [*mkha 'gro*]): término que indica distintas formas del aspecto femenino de la Budeidad o de lo femenino en general en el Dharma budista. A nivel material, el término indica a las mujeres espiritualmente realizadas, las maestras espirituales, las consortes de los maestros espirituales, las consortes más propicias para que un hombre realice con ellas las prácticas tántricas que comprenden una relación erótico-mística (aunque también a distintos tipos de mujer, clasificadas en términos de las cinco familias búdicas, e incluso a las llamadas «*dakinis* caníbales», a quienes se considera temibles, etcétera). Puesto que en el Sendero de Transformación del Tantrismo las *dakinis* y los *dharmapalas* o guardianes del Dharma [véase] son los verdaderos ayudantes de la práctica, ellos son el tercer elemento del Refugio tántrico, equivalente al *sangha* [véase] en el Sendero de Renuncia (en el caso del hombre, la consorte tántrica es un precioso ayudante, como también lo son las actividades de los maestros, las energías de la vida y, en general, muchos de los distintos referentes del término *dakini*). En el nivel de la energía, el término denota a las deidades femeninas que se manifiestan como formas luminosas y que en el Sendero de Transformación del Tantrismo se emplean para la visualización, etcétera. En el nivel de la mente, la *dakini* es *Samantabhadri*, que representa el *dharmadhatu*: el espacio en el que se manifiestan todos los fenómenos [véase Adibuda].

Deva(ta) (**en tibetano,** *yidam* [*yid dam*]): el término indica a las deidades –sobre todo las del sexo masculino– que se manifiestan como formas luminosas intangibles y que se usan para la visualización en el Sendero Tántrico de Transformación. Puesto que en el Tantrismo son el método a aplicar, equivalen al Dharma, que es el segundo objeto del Refugio en el Sendero de Renuncia.

Dharma: en la India, el Dharma es sobre todo la enseñanza espiritual; en el budismo, el término indica la enseñanza budista, como diferente de la no-budista.

Dharmadhatu (**en tibetano,** *chöying* [*chos dbyings*]): el espacio en el que se manifiestan todos los fenómenos y que todos ellos son.

Dharmakaya (**[pronúnciese «dharmakaîa»]; en tibetano, chöku** [*chos sku*]): la mente de Buda y la verdadera condición de todos los fenómenos, que para el Mahayana son vacuidad (o sea, ausencia de autoexistencia o sustancia).

Dharmapalas o **Guardianes** (**en tibetano,** *chökyong* [*chos skyong*] o *damchen* [*dam can*]): emanaciones de la naturaleza búdica que, en forma de manifestaciones airadas, surgen para ayudar a los practicantes del Tantrismo (el Vajrayana) o del Dzogchén Atiyoga a no desviarse del Sendero correcto y mantener su compromiso o promesa, conocidos como el *samaya* [véase]. El principal guardián de la enseñanza Dzogchén es del género femenino y se conoce como Ekajati, cuyo nombre significa «Un único nacimiento» (pues el Dzogchén conduce a la Budeidad en una sola vida); tiene un solo ojo, un solo diente y una sola mama, pues una de sus funciones es impedir que se consolide el dualismo. Algunos otros guardianes fueron demonios que, al ser subyugados por grandes realizados –sobre todo por Padmasambhava, quien hizo que se consolidase el budismo tántrico en el Tíbet y fue el primero de los tres grandes maestros que introdujeron la enseñanza Dzogchén en el País de las Nieves–, forzosamente debieron asumir la función de proteger la enseñanza y a quienes la practican.

Dhyani Buda (en tibetano, *kui gyalpo* [*sku'i rgyal po*]): el sánscrito significa «Buda en Contemplación» e indica a los Budas del Sambhogakaya. No se trata de individuos de carne y hueso que hayan existido en el mundo humano y luego se hayan realizado totalmente, sino de formas luminosas no nacidas e imperecederas que manifiestan una función específica de la Budeidad y tienen una función liberadora específica. Cada uno de ellos –que son cinco– preside una de las cinco «familias búdicas» y, por tanto, ocupa una de las cinco casillas (que son la del centro y las de las cuatro direcciones) en el mandala de las cinco familias. Cada una de las cinco familias búdicas corresponde a una sabiduría y una pasión (pues en el Sendero de Transformación del Tantrismo las cinco pasiones se transforman en las sabidurías correspondientes), un color y un elemento (pues en el Sendero en cuestión los cinco elementos impuros, o sea, aparentemente sustanciales, se transforman en los cinco elementos puros, o sea, en los cinco colores), una dirección, una estación o período del año, etcétera.

Dzogchén Atiyoga (el primer término es sánscrito y el segundo tibetano): este es el Sendero de Autoliberación, término que no significa que uno se libera por su propia agencia o poder, sino que los pensamientos y las pasiones se liberan por sí solos de manera espontánea y no como efecto de una acción intencional. Aunque se considera el Sendero supremo, ello no significa que sea *intrínsecamente* superior a los demás Senderos: para cada individuo, el Sendero supremo es aquel que le resulta más efectivo en un momento dado: solo para quien en un cierto momento tiene la capacidad de aplicar el principio de la autoliberación, es en ese momento el Dzogchén el Sendero supremo –pues aplicándolo puede alcanzar una realización más completa en un menor tiempo–. Para quien en un momento dado solo tiene la capacidad de aplicar el de Transformación, ese es el supremo; y para quien solo tiene la capacidad de aplicar el de Renuncia, ese es el Sendero supremo.

Estado de Dzogchén: véase *Rigpa*, Presencia Instantánea o Conocimiento.

Ganapuja (**pronúnciese «ganapuya»**): ritual tántrico en el que se realizan ofrendas y que sirve para acumular méritos y para purificar el *samaya* [véase].

Gönpa (*dgon pa*): templo budista. En este caso, el autor se refiere al de Merigar, en Italia, primera sede de la Comunidad Dzogchén. No confundir con *gompa* (*sgom pa)*, que en el marco del Dzogchén el maestro traduce como Contemplación [véase].

Guhyasamaja (pronúnciese «Guhyasamaya»): deidad tántrica (en sánscrito *devata;* en tibetano *yidam* [*yid dam*]) principal en el Tantra (texto raíz tántrico) del mismo nombre, en cuya forma los practicantes de dicho Tantra deben visualizarse para practicar. Las deidades tántricas no son individuos autoexistentes, sino métodos de práctica que se aplican con el fin de obtener la realización espiritual.

Gurú (en tibetano, lama [*bla ma*]): el maestro espiritual, que debe tener un altísimo nivel de realización espiritual. Uno de los tres elementos del Refugio tántrico, en el que toma el lugar que tiene el Buda en el Sendero de Renuncia, pues en él el maestro representa el Estado que queremos alcanzar y, al mismo tiempo, es la fuente de la realización y de los métodos para alcanzarla.

Hinayana (pronúnciese «jinaîana»): nombre con el que el Mahayana se refiere a las enseñanzas que se enfocan principalmente en obtener la liberación individual con respecto al *samsara*, y no en obtener la Budeidad a fin de ayudar a todos los seres vivos a conseguir la liberación. Es una combinación (de género neutro) de los términos sánscritos *hina* (pronúnciese «jina»), que significa «estrecho» o «pequeño», y *yana* (pronúnciese «iana»), que se traduce como «vehículo». Los vehículos son los diferentes medios para alcanzar la liberación del *samsara*, una liberación que cada vehículo concibe de una manera diferente. Unos vehículos son rápidos, como un avión, otros más lentos, como un auto, y otros mucho más lentos, como una bicicleta. Aunque el Hinayana se considera como el más lento de los vehículos, Chögyal Namkhai Norbu insiste en que ello no significa que este Sendero o Vehículo tenga poca importancia o sea inferior o despreciable, o que sus seguidores no desarrollen sublimes cualidades. En nuestros días, la única escuela del Hinayana que persiste autónomamente es la Theravada.

Introducción Directa: esta es la primera de las tres frases del testamento de Garab Dorje, el maestro que introdujo el Dzogchén budista en nuestro mundo, e indica la primera ocurrencia en un individuo del *rigpa* (la Presencia Instantánea), que hace patente, en forma no dual y no conceptual, la verdadera condición del individuo y de todos los fenómenos. El maestro crea una situación (esta puede ser un «ritual de Introducción Directa») que ofrece la posibilidad de tener dicha Introducción; ahora bien, si esto no ocurre, queda automáticamente autorizado a aplicar prácticas que ofrecen la posibilidad de tenerla. Una vez que se ha obtenido la Introducción Directa, volviendo una y otra vez a ese Estado se tiene que lograr No permanecer en la duda con respecto a la verdadera condición del individuo y de todos los fenómenos y al Estado que la hace patente, que es la segunda de las tres frases. Y cuando ya no se permanezca en la duda, se pueden recibir los métodos para Continuar en el Estado (de *rigpa*), que es la tercera de las frases y que constituye la práctica principal del Dzogchén.

Karma: literalmente, «acción». El término (que es de género neutro) indica la ley de causa y efecto que determina los frutos de cada acción. Según el Mahayana, si la intención es positiva los frutos serán positivos; si es negativa, serán negativos; si es neutra, serán neutros.

La producción de un karma depende de que surja la intención de realizar el acto, se realice el acto mismo y se tenga la satisfacción de haberlo realizado. La Budeidad es un Estado más allá del karma, pues es no-producida, incondicionada, inintencional y no-compuesta (en sánscrito, *asamskrita*).

Kriyatantra (pronúnciese «kriîatantra»): el primero (de «abajo» hacia «arriba») de los Tantras externos, que en su conjunto constituyen el Sendero de Purificación del Tantrismo (como diferente del de Transformación en el sentido más estricto).

Longchen Ñingthik [*klong chen snying thig*]: sistema de tesoros espirituales (en tibetano, *termas* [*gter ma*]) descubierto por el Gran Revelador (en tibetano, Tertön [*gter ston*]) Jigme Lingpa (1729-1798); es uno de los sistemas del Dzogchén Ñingthik (*rdzogs chen snying thig*: las enseñanzas más esenciales y los métodos más directos del Dzogchén) que más se practica en nuestros días.

Mahasiddha (pronúnciese «majasiddha»): combinación de los términos sánscritos *maha* (pronúnciese «maja»), que significa «gran» o «grande», y *siddha*, que tiene el sentido de «posesor de logros espirituales». El término designa a los grandes realizados, tanto en el Sendero de Transformación del Tantrismo como en el Sendero de Autoliberación del Dzogchén Atiyoga.

Mahayana (pronúnciese «majaîana»): Combinación (de género neutro) de *maha* (pronúnciese «maja»), que significa «grande» o «amplio», y *yana* (pronúnciese «iana»), que significa «vehículo» [véase el sentido de vehículo en la entrada «Hinayana»]. El Mahayana se da a sí mismo el título de Vehículo Amplio porque en vez de buscar la liberación individual se enfoca en obtener la Budeidad para poder ayudar a todos los seres a liberarse, y por ser más amplio en el sentido de ofrecer a sus seguidores una mayor libertad de acción, pues según sus enseñanzas lo que determina el carácter de un acto es la intención detrás del mismo y no su forma.

Mandala: en tibetano, *khil khor* (en la región de la que es oriundo Chögyal Namkhai Norbu, se pronuncia «yilkhor»), que significa «centro-periferia», este término tiene múltiples sentidos. Aquí se usa, como en el Sendero de Transformación del Tantrismo (que no es el sentido más profundo del término), para referirse a la imagen de una deidad dentro de un círculo central, que representa la verdadera condición de los seres sensibles y los fenómenos en general, y, a su alrededor, la dimensión o el séquito de la deidad, etcétera.

Mudra: gestos rituales que se realizan a fin de comunicarse con los objetos del Refugio, o con los espíritus y seres elementales que dominan las energías de un lugar o de una región. El *mudra* del *samaya* se emplea, en combinación con mantra*s*, etcétera, como medio de purificación de nuestro compromiso tántrico.

Naturaleza búdica: el Buda que todos somos en verdad, aunque velos y obstáculos nos impidan tener la vivencia de la vacuidad que es nuestra verdadera condición y obstruyan la sabiduría y la autoperfección que le son inherentes. Usamos el término en femenino porque «naturaleza» es un sustantivo femenino en español, pero entre los términos que la indican, *Buddhatva* es neutro, *Tathagatagarbha* es masculino, etcétera.

Nirmanakaya (**pronúnciese «nirmanakaîa»**): en los sentidos en que se usa el término en este libro, el *nirmanakaya* es la dimensión física o impura como aspecto de la Budeidad o el aspecto corpóreo de un Buda (y, puesto que todo es el Buda Primordial, de todo lo que existe).

Ngöndro: curso de prácticas preliminares que muchos maestros exigen realizar para que un alumno pueda practicar enseñanzas superiores como las de los Tantras internos o el Dzogchén, etcétera.

Oddiyana: país en el que aparecieron las enseñanzas tántricas que conforman el Sendero de Transformación y las enseñanzas del Dzogchén Atiyoga que conforman el Sendero de Autoliberación o Liberación Espontánea. Se considera también como la Tierra de las Dakinis. Aunque algunos estudiosos lo han asociado con la actual Odisha, hoy en día hay consenso en que se trata de una tierra al noroeste de la India, que se ha identificado con el Valle de Swat en el Pakistán actual, o con una amplia región que tenía su capital en dicho valle, pero podría haberse extendido en dirección nororiental (y posiblemente también en dirección noroccidental). Tanto Garab Dorje como Padmasambhava fueron oriundos de Oddiyana.

Potenciación (en sánscrito, *abhisheka*; en tibetano, *wangkur* [*dbang skur*]): transmisión, en un contexto ritual, de métodos específicos del Sendero Tántrico de Transformación, para permitirnos aplicar los métodos en cuestión y, eventualmente, alcanzar la realización mediante los mismos. La potenciación puede dar acceso a la llamada «sabiduría del ejemplo» (en tibetano, *peyi yeshe* [*dpe yi ye shes*]), que se asemeja a la sabiduría no dual, que es el Fruto de la práctica tántrica y que funciona como una semilla que, al desarrollarse, permite obtener la sabiduría en cuestión. Por extensión, el término se usa en el Dzogchén, aunque en este vehículo el medio de acceso a la práctica es propiamente la Introducción Directa: una vivencia directa del Estado de Conocimiento o Presencia Instantánea.

Prana: aliento vital, energía que «circula» por los «canales» o «configuraciones de energía» llamados *Tsa*, etcétera.

Puja **(pronúnciese «puya»)**: rito; práctica ritual para celebraciones que en cuanto tal se diferencia de lo que se denomina *sadhana*.

Respiración Directa e Indirecta: la respiración directa es la que surge naturalmente en los individuos ordinarios, en la cual el aire suena al pasar por las fosas nasales y se siente en la mano si la ponemos bajo la nariz. La respiración indirecta es la que tiene lugar si cerramos un poco la glotis, de modo que el aire suene en la garganta y no en la nariz, y no se sienta en la mano si la ponemos bajo la nariz.

Rigpa, **Presencia Instantánea o Conocimiento**: la enseñanza Dzogchén distingue entre mente y naturaleza de la mente. La naturaleza
de la mente es como un espejo, que no se halla bajo la ilusión de
que los reflejos son algo externo a él y que, por tanto, no acepta
unos, no rechaza otros y no permanece indiferente hacia otros, pues
todos ellos aparecen en él, y, por tanto, no son algo separado de él
(de hecho, si los reflejos no aparecieran en él, no podría manifestar-
los) –*aunque tampoco son el espejo* (pues entonces este manifestaría
siempre el mismo reflejo)–. La mente es como un reflejo que aparece
en el espejo y que se experimenta como un sujeto mental separado
del resto de los reflejos –incluyendo los que son extensos y tienen
forma, color y otras cualidades de los sentidos–. Cuando el reflejo
que llamamos mente desaparece y nos encontramos en la verdadera
condición del espejo, más allá del rechazo, de la aceptación y de la
indiferencia, y por ende más allá del dolor, del placer condicionado,
contaminado y transitorio, y de la sensación neutra, se aplica el término *rigpa*. En esa condición, nada puede afectarnos ni dañarnos, pues
somos lo que el espejo representa, que no nace ni muere aunque los
reflejos nazcan y mueran: hay total plenitud, ya que no nos sentimos
separados de nada, y total perfección, ya que nada nos obstruye. El
rigpa es el Estado en el que los Budas se encuentran todo el tiempo
y en el que se hallan los *bodhisattvas* superiores durante sus períodos
de Contemplación.

Rupakaya (pronúnciese «rupakaîa»): dimensión de la Forma:
Combinación de Sambhogakaya y Nirmanakaya que, según el Mahayana, es el fruto de la colección de méritos.

Sabidurías de la calidad y la cantidad: en el Mahayana, se dice que la omnisciencia de un Buda tiene dos sabidurías: *yathavadbhavika-jñana*, que es la aprehensión directa de la verdadera condición de todos los entes (en ese vehículo, de la vacuidad), y *yavadbhavikajñana*, que consiste en la presencia no dual de la plétora de fenómenos sin que ella oculte la sabiduría que aprehende directamente su verdadera condición y, por tanto, sin que se aprehenda dichos fenómenos como sustancias, así como en la perfecta comprensión de la funcionalidad de los mismos. En el Dzogchén, los términos tienen un sentido más específico, que Chögyal Namkhai Norbu ha ilustrado con un espejo. El primer término, que traduce como «sabiduría de la cantidad», lo ilustra con el hecho de que un pequeño espejo puede reflejar por igual algo muy pequeño y algo descomunalmente grande, sin que cambie su propio tamaño –y con el ejemplo del yogui [véase] Milarepa resguardándose dentro de un cuerno seco de yak sin que su cuerpo se redujese ni el cuerno se agrandase–. El segundo término, que traduce como «sabiduría de la cantidad», lo ilustra con el hecho de que un pequeño espejo puede reflejar a una sola persona, o, con solo alejarlo y sin agrandarse, reflejar a millones de ellas, y también con los funerales de Milarepa, que se celebraron simultáneamente en varios lugares, aunque había un solo cadáver.

Sadhana: práctica tántrica que puede comprender recitaciones y práctica ritual, entre otros elementos, mediante la cual se espera obtener la realización.

Samaya (**pronúnciese «samaîa»**): en el Tantrismo y el Dzogchén, una promesa y compromiso que, a diferencia de los votos del Hinayana o del entrenamiento del Mahayana, sigue vigente durante el sueño y más allá de la muerte. Ello se debe a que el Tantrismo pertenece al nivel de la energía y el Dzogchén al de la mente, ninguno de los cuales se interrumpe, ni durante el sueño, ni con la muerte. Hay diez compromisos tántricos universales y muchos que asumimos al recibir distintas potenciaciones o Transmisiones, pero el único que tienen los practicantes de la Comunidad Dzogchén es el de mantener la presencia a fin de percibir tanto al maestro como a los demás practicantes de manera pura, sin permitir la manifestación de percepciones de ellos como seres confundidos que actúan en base a intenciones malignas o erróneas. Como dice el maestro en este texto, uno de los *samayas* tántricos más importantes y esenciales es mantener la visión pura, y hacerlo con el maestro y sus otros discípulos (a quienes se denomina hermanos y hermanas del *Vajra*) es especialmente importante. En el Dzogchén, en el que no hay que transformar la visión impura en visión pura mediante la visualización, el *samaya* radica en mantener el Conocimiento, la Presencia Instantánea o *rigpa* (véase); por tanto, también se infringe cuando se percibe al maestro o a los otros practicantes de manera impura. Si ello sucede, los practicantes deben percatarse y purificar el *samaya* participando juntos en una *ganapuja*, confesando sus faltas ante el Árbol de Refugio, etcétera.

Sambhogakaya (**pronúnciese «sambhogakaîa»**): la dimensión de la energía, de la voz y de la vibración como aspecto de la Budeidad;

dimensión que se manifiesta en forma de visiones luminosas sin materialidad; etcétera.

Samsara: literalmente «rueda». El término, de género masculino, indica la transmigración por una serie de reinos (sánscrito: *gati* o *loka*) y dimensiones (sánscrito: *dhatu* o *loka*). Las dimensiones son la de la ausencia de forma, que es una dimensión panorámica; la de la forma, caracterizada por la concentración en una figura, y la de la sensualidad, en la cual las pasiones se suceden entre sí y en la cual los humanos corrientes pasamos casi toda nuestra existencia. Los reinos son el de los dioses, el de los antidioses, el de los humanos, el de los animales, el de los espíritus famélicos (o tántalos) y el de los infiernos transitorios; cada uno tiene su causa en un tipo de acción específica. El budismo tiene por objeto ir más allá de la acción y, por tanto, de todos los reinos y las dimensiones que son fruto de la acción, o, lo que es lo mismo, del *samsara*.

Sangha: el *sangha* (término del género masculino) es la Comunidad de Practicantes. En el Hinayana, consta de los monjes y las monjas; en el Mahayana, de los *bodhisattvas* de ambos sexos; en el Tantrismo y el Dzogchén Atiyoga, de los yoguis y las yoguinis. Como sucede con casi todos los términos budistas, Buda, Dharma y *sangha* pueden entenderse en varios sentidos, unos más profundos y verdaderos que otros.

Shakyamuni: según los textos canónicos, Shakya es el nombre del clan o familia real a la que perteneció el Buda histórico, originador de las formas actuales de enseñanza budista que conforman el Sendero de Renuncia (Hinayana y Mahayana), mientras que *Muni* significa «sabio». En suma, el término puede traducirse como «sabio de los Shakyas», y es un título del Buda histórico.

Shiné: este término tibetano, que traduce el sánscrito *shámatha*, indica tanto el estado calmo de la mente como la práctica de pacificación mental que se emplea para entrar en ese estado. Se trata de una práctica secundaria, pues aunque en general puede ser extremadamente útil y hasta necesario desarrollar el estado calmo como base para, a partir de él, descubrir nuestra Verdadera Condición, dicho estado, al ser producido, es transitorio y susceptible de ser afectado por el sufrimiento, lo que significa que no puede constituir una solución definitiva para nuestros problemas.

***Shunyatá* o vacuidad**: en cuanto verdad absoluta del Mahayana, la vacuidad es la condición en la cual nos hallamos libres de la ilusión de autoexistencia o sustancia y del ilusorio dualismo del sujeto y el objeto (y, en general, de todo dualismo). En cuanto experiencia en la dimensión relativa, es una intuición de la ausencia de autoexistencia o sustancia y de dualidad, o una experiencia en la que las ilusiones en cuestión no se manifiestan. Tomemos el ejemplo de un vaso: puesto que el vaso se hizo para contener líquidos, y por ende lo que esperamos que contenga es líquidos, lo consideramos vacío cuando no contiene líquido alguno, aunque esté lleno de aire. Puesto que siempre esperamos encontrar la existencia de la dualidad del sujeto y el objeto, así como la autoexistencia o sustancia que siempre hemos percibido en todos los entes, aunque nunca la hayan tenido en verdad, la ausencia de autoexistencia o sustancia, y por ende del sujeto y del objeto (y de todas las dualidades), se denomina vacuidad.

Siete cualidades *Vajra*: las siete cualidades que, en el Sendero Tántrico de Transformación y el Sendero de Autoliberación del Dzogchén, se atribuyen a nuestra verdadera condición, llamada la condición *Vajra*, son: (1) no se puede cortar (*michöpa* [*mi chod pa*]); (2) es indestructible (*mishikpa* [*mi shigs pa*]); (3) es verdadera (*denpa* [*bden pa*]); (4) es impenetrable (*sawa* [*sra ba*]); (5) es estable (*tenpa* [*brtan pa*]); (6) no se puede obstruir (*tokpa mepa* [*thogs pa med pa*]), y (7) es invencible (*mipampa* [*mi pham pa*]).

Sutra o Sutrayana (pronúnciese «sutraîana»): los *sutras* son los textos canónicos (en cuyo caso el término es de género neutro) que recogen los discursos del Buda Shakyamuni sobre la verdadera condición de la realidad, la meditación, etcétera. Se agruparon en la «Canasta de los Sutras» (Sutrapitaka) –una de las llamadas «Tres Canastas de Enseñanzas Budistas» (Tripitaka)–. Ahora bien, cuando se habla del Sutra como Sendero con sus formas de enseñanza y de práctica características, o, lo que es lo mismo, del Sutrayana (el término también es del género neutro), se está haciendo referencia al conjunto de las enseñanzas y los métodos del Hinayana y el Mahayana, que conforman lo que se conoce como Sendero de Renuncia. Los otros dos Senderos son el de Transformación, constituido por el Tantrismo del Vajrayana, y el de Autoliberación, que consiste en el Dzogchén Atiyoga.

Tantra: los Tantras son los textos canónicos (en cuyo caso el término es de género neutro) que transmiten los principios y las prácticas del Sendero de Purificación (véase «Tantras Externos»), del Sendero de Transformación (véase «Tantras Internos») y del Sendero de Autoliberación (véase «Dzogchén Atiyoga»). Ahora bien, cuando se habla del Tantra como forma de enseñanza y de práctica espiritual, se está haciendo referencia al Tantrayana (género neutro), que comprende los Senderos de Transformación y Purificación, y que ocupa un lugar intermedio entre el Sendero de Renuncia, que es el más gradual, y el de Autoliberación del Dzogchén, que es el más directo.

Tantras externos: vehículos tántricos que constituyen el Sendero de Purificación, en el cual se transforman los cinco elementos impuros en los cinco elementos puros, pero no se trabaja con las pasiones para transformarlas en las sabidurías correspondientes.

Tantras internos: vehículos tántricos que constituyen el Sendero de Transformación propiamente dicho, en el cual se transforman los cinco elementos impuros en los cinco elementos puros y las pasiones en las sabidurías correspondientes. En relación con estos Tantras, Chögyal Namkhai Norbu emplea el dicho «las pasiones son como leña y la sabiduría como fuego: mientras más leña, más fuego». En la Escuela Antigua o Ñingmapa, los Tantras internos son el Anuyogatantra, en el que la transformación es instantánea, y el Mahayogatantra, en el que la transformación es gradual.

Tantras inferiores: en las Escuelas Nuevas se da este nombre a lo que en la Escuela Antigua o Ñingmapa se denomina «Tantras externos» [véase].

Tantras superiores: en las Escuelas Nuevas se da este nombre a lo que en la Escuela Antigua o Ñingmapa se denomina Tantras internos [véase], aunque en el caso de las Escuelas Nuevas hay un solo vehículo de Tantra Superior, que es el que se conoce como Anuttarayogatantra, en el cual la transformación es gradual.

Thigle: literalmente, «esfera», este término traduce el sánscrito *bindu*, que en el Sendero de Transformación del Tantrismo indica la simiente-esencia, pero al mismo tiempo hace referencia al volumen de entrada de energía a los centros o *chakras* superiores, que se ubican en la cabeza (teniendo, en este sentido, un significado similar al del sánscrito *kundalini*). En el Dzogchén, el término indica las esferas luminosas que se manifiestan en la práctica de Thögal; del mismo modo, se habla de *thigle chenpo* o Esfera Total, que se emplea como un sinónimo de Dzogchén: la esfera es aquello que no tiene ángulos o esquinas, los cuales representan nuestros límites –que por su parte son los conceptos, ya que estos se definen por exclusión de otros conceptos–. En efecto, nuestra verdadera condición no puede entrar en los límites de concepto alguno, pues a diferencia de nuestros conceptos, no excluye nada en absoluto. Como señala Chögyal Namkhai Norbu, el término también significa «potencialidad»; por ejemplo, cuando vemos algo que viene a lo lejos, lo percibimos como un punto o esfera, y es solo cuando se acerca que podemos percibirlo como un avión, un ave, un auto, una persona, etcétera.

Thun: sesión de práctica.

Trulku (***sprul sku***): este término tibetano traduce el sánscrito Nirmanakaya, que indica el aspecto corpóreo de un Buda y la dimensión material en general. Cuando Chögyal Namkhai Norbu ilustra el Sendero de Transformación con el símbolo del *vajra*, usa el término *trulku* para indicar la visión impura. Cuando se designa a un lama como *trulku*, se está indicando que es alguien que ha renacido por compasión y tiene elevadas cualidades espirituales.

Ubhayatantra: en la Escuela Antigua o Ñingmapa, el término designa el segundo de los Tantras externos –situado entre el Kriyatantra y el Yogatantra– que constituyen el Sendero de Purificación. En las Escuelas Nuevas se denomina Charyatantra.

Upadesha: término sánscrito que significa «instrucción oral secreta», e indica la enseñanza que antiguamente un maestro de Dzogchén ofrecía de forma privada a un discípulo que estaba listo para recibirla (se solían colocar un tubo entre la boca del Maestro y el oído del discípulo), pues se consideraba que no debía ofrecérsela públicamente por no ser apropiada para quienes no estuviesen preparados para recibirla. Cuando se habla de Dzogchén Upadesha, se hace referencia al Upadeshavarga (en tibetano, Menngagdé) o Serie de Instrucciones Orales Secretas, que de las tres series de enseñanzas

Dzogchén es la que contiene las enseñanzas supremas y más directas para alcanzar la Budeidad. La Serie de Enseñanzas que le sigue (por así decir) es la del Espacio (en sánscrito, Abhyantaravarga; en tibetano, Longdé), y la tercera es la de la Naturaleza de la Mente (en sánscrito, Chittavarga; en tibetano, Semdé).

Vajra (**pronúnciese «ballra»**): el término significa «diamante» e indica nuestra verdadera condición –la cual, tal como sucede con los diamantes, se considera inmutable e indestructible–. El *Vajra* se representa por medio de un implemento de bronce o metales preciosos que tiene una esfera en el centro, de la cual salen cinco puntas en direcciones opuestas (sin embargo, hay una clase que tiene nueve puntas en cada dirección). En el hinduismo, el *Vajra* es el arma de Indra, que destruye al enemigo y, como un bumerán, regresa a la mano de quien lo arrojó, una función que en el budismo tántrico y el Dzogchén se considera inherente a nuestra condición *Vajra*.

Vinaya (**pronúnciese «binaîa»**): las enseñanzas del Buda Shakyamuni se recogieron en tres «canastas» o grandes grupos: la Triple Canasta o Tripitaka. Esas tres canastas son la de los Sutra, que tratan de la verdadera condición de nosotros mismos y del universo, así como de los métodos que sirven para descubrir esa condición; la del Abhidharma, que trata de cosmología, psicología, gnoseología, etcétera, y la del Vinaya, que contiene las normas de disciplina para los distintos tipos de individuo, según los votos que hayan tomado, el entrenamiento que hayan adoptado, etcétera.

***Yab-Yum* (pronúnciese «îab-îum»):** unión erótico-mística. Puede ser una práctica principal del Sendero de la Transformación del Tantrismo, una práctica secundaria del Dzogchén o una forma de representar a las deidades u ocasionalmente a ciertos grandes maestros.

***Yantra* (pronúnciese «îantra»):** en sánscrito, «movimiento». El *yantra yoga* –un yoga físico que combina *asanas* con movimientos, respiraciones, etcétera– es parte de la práctica principal en el Tantrismo, mientras que en el Dzogchén constituye una práctica secundaria. Cuando Milarepa dice que todo movimiento es *yantra*, está diciendo que todo movimiento es yoga: un medio de realización o una expresión de la realización.

***Yogatantra* (pronúnciese «îogatantra»):** el más elevado de los Tantras externos, que no se circunscribe al Sendero de Purificación, aunque propiamente hablando no llega a aplicar el principio de Transformación de las pasiones en sabiduría, ni el de ir más allá de la discriminación entre puro e impuro.

Yogui: término que significa «practicante de yoga» y que en el budismo tibetano se aplica a los practicantes de yoga físico, a los practicantes de Tantrismo y a quienes practican el Dzogchen Ati-yoga. Mientras que en sánscrito el término *yoga* significa «unión», la etimología de su traducción tibetana hace evidente el hecho de que de lo que se trata no es de unirnos con algo –pues no existe un alma, mente o individuo autoexistente y verdadero que se una con alguna otra alma o sustancia verdadera–, sino de encontrarnos de manera inalterada en nuestra verdadera condición original. Oficial-mente, el término se translitera como *yogi* y se pronuncia «îogui».

Índice de palabras tibetanas

Mönpa	*smon pa*
Ngöndro	*sngon 'gro*
Ñingmapa	*rnying ma pa*
Pawo	*dpa' bo*
Rangjung Dorje	*rang byung rdo rje*
Rongtön	*rong ston*
Roñom kordrug	*ro snyoms skor drug*
Sakyapa	*sa skya pa*
Tampa sum	*dam pa gsum*
Thegpa chenpo	*theg pu chen po*
Thigle	*thig le*
Thögal	*thod rgal*
Thun	*thun*
Tobzhi	*stobs bzhi*
Trulku	*sprul sku*
Tsal	*rtsal*
Tsogsag yanlag dumpa	*tshogs bsag yan lag bdum pa*

editorial **K**airós

Puede recibir información sobre nuestros
libros y colecciones o hacer comentarios
acerca de nuestras temáticas en:

www.editorialkairos.com

Numancia, 117-121 • 08029 Barcelona • España
tel +34 934 949 490 • info@editorialkairos.com